**Allitera** Verlag

edition monacensia
Herausgeber: Monacensia
Literaturarchiv und Bibliothek
Dr. Elisabeth Tworek

Alle bisher von Oskar Maria Graf in der *edition monacensia*
erschienenen Bände:

»Die Chronik von Flechting« (2009)
»Gelächter von außen« (2009)
»Zur freundlichen Erinnerung« (2009)
»Bayerisches Lesebücherl« (2009)
»Wunderbare Menschen« (2010)
»Finsternis« (2010)
»Notizbuch des Provinzschriftstellers Oskar Maria Graf 1932« (2011)
»Dorfbanditen« (2011)
»Der harte Handel« (2012)
»Im Winkel des Lebens« (2013)
»Einer gegen alle« (2014)

# Oskar Maria Graf

# Notizbuch des Provinzschriftstellers Oskar Maria Graf 1932

Erlebnisse · Intimitäten · Meinungen

Text der Erstausgabe von 1932

Mit dem Nachdruck einer Erzählung Grafs
aus dem *Simplicissimus* von 1926
und einem Nachwort von Ulrich Dittmann

**Allitera** Verlag

Weitere Informationen über den Verlag und sein Programm unter:
www.allitera.de

Oktober 2011
Allitera Verlag
Ein Verlag der Buch&media GmbH, München
Copyright © by Ullstein Buchverlage GmbH, Berlin
1932 erschienen im Zinnen-Verlag Basel, Leipzig, Berlin
© 2011 für diese Ausgabe: Landeshauptstadt München/Kulturreferat
Münchner Stadtbibliothek
Monacensia Literaturarchiv und Bibliothek
Leitung: Dr. Elisabeth Tworek
und Buch&media GmbH, München
Umschlaggestaltung: Kay Fretwurst, Freienbrink,
unter Verwendung der TitelVignette der Erstausgabe
Printed in Europe · ISBN 978-3-86906-010-1

# Inhalt

Kleine Erklärung!. . . . . . . . . . . . . . . . . . . . . . . . . . . . . . . 7
Brief an den Verlag. . . . . . . . . . . . . . . . . . . . . . . . . . . . . . 9

## »Teure Heimat ... ! «

Revolution auf dem Dorfe. . . . . . . . . . . . . . . . . . . . . . . . . 15
Katholische Begebnisse. . . . . . . . . . . . . . . . . . . . . . . . . . 19
Der Kaiser aus Amerika besucht uns. . . . . . . . . . . . . . . 22

## Warum ausgerechnet wohnhaft in ...

... München?. . . . . . . . . . . . . . . . . . . . . . . . . . . . . . . . . 35
Aber halt unser Fasching!. . . . . . . . . . . . . . . . . . . . . . . . 38
Psyche. . . . . . . . . . . . . . . . . . . . . . . . . . . . . . . . . . . . . . 40
Wie ich in den Ruf eines Lebemanns
gekommen bin. . . . . . . . . . . . . . . . . . . . . . . . . . . . . . . 43
Etwas wie ein »Antlitz«. . . . . . . . . . . . . . . . . . . . . . . . . 47
Bayrischer Königstraum. . . . . . . . . . . . . . . . . . . . . . . . 55
Weh' dem, der dichtet ... !. . . . . . . . . . . . . . . . . . . . . . 60

## Es spukt in Schwabing ...

... im Hof. . . . . . . . . . . . . . . . . . . . . . . . . . . . . . . . . . . 79
... und im Atelier. . . . . . . . . . . . . . . . . . . . . . . . . . . . . 82
Der betrogene Appetit. . . . . . . . . . . . . . . . . . . . . . . . . 85
Filmische Erlebnisse. . . . . . . . . . . . . . . . . . . . . . . . . . . 93

## Wiederum zwei Briefe

... ein politischer an den Nachfolger Stresemanns. . . . . . . 107
... und ein privater an das p. p. Publikum. . . . . . . . . . . . . 109
Mein erster Vortrag. . . . . . . . . . . . . . . . . . . . . . . . . . . 111
Ein Dichter wider Willen. . . . . . . . . . . . . . . . . . . . . . . 118

Berliner Erlebnisse
Im P.E.N.-Club . . . . . . . . . . . . . . . . . . . . . . . . . . . . . . . . .127
Mit Stephan George. . . . . . . . . . . . . . . . . . . . . . . . . . . . .132
Die Mottenkugeln beim »Totenmal« . . . . . . . . . . . . . . . . . . .139
Geschäftliche und politische Schlußempfehlungen über
meine Persönlichkeit und so ... . . . . . . . . . . . . . . . . . . . . . . .232

## Anhang

In Sachen »König Ludwig II« . . . . . . . . . . . . . . . . . . . . . . . . 155
Nachwort . . . . . . . . . . . . . . . . . . . . . . . . . . . . . . . . . . . . . 159
Editorische Notiz . . . . . . . . . . . . . . . . . . . . . . . . . . . . . . 164

## Kleine Erklärung!

Die Jahreszahl wurde dem Haupttitel des Buches nur deshalb angehängt, weil der Verfasser nicht ganz sicher ist, ob er in den nächsten Jahren noch die gleiche Meinung haben wird, oder eine solche überhaupt noch haben darf.

## Brief an den Verlag

*München, Datum des Poststempels*

Werter Herr Verlag!

Indem daß Sie mich aufgefordert haben, ich soll was aussagen über meinen Werdegang, fühle ich mich sehr geehrt und diene Ihnen folgende Mitteilungen:

Ich habe es nie nicht mit der schweren Arbeit gehabt, weil man da auch zu nichts kommt. Es ist schon lang hergegangen, bis ich mich in der Schriftstellerei habe installieren können, aber ich könnte jetzt eigentlich nicht mehr klagen darüber, weil es eine sitzende Beschäftigung ist. Es brauchts gar kein Schwitzen dabei, bloß immer auf dem Stuhl muß man sein und natürlicherweise macht es auch Kopfarbeit.

Zuerst habe ich lauters Gedichte geschrieben. Die sind sehr einfach gegangen, hat sich bloß zum Schlusse immer reimen müssen oder auch nicht. Letzteres war sehr leicht, aber ich habe bald gespannt, daß man mit Gedichten kein Geschäft nicht macht und habe es aufgesteckt. Alsdann habe ich mich spezialisiert auf Geschichten vom Land. Diese sind schon eher gefragt gewesen.

Weil jeder Geschäftsmann auf seine Briefbogen was drucken laßt, und überhaupt, weil die Leute immer gleich wissen wollen, was hinter der ganzen Gaudi ist, habe ich mir Visitenkarten drucken lassen: »Oskar Maria Graf, Provinzschriftsteller.«

Dasselbe hat mir mein Freund, der Steinberger Fritz in der Corneliusstraße, welcher es bis zum solventen Buchdruckermeister gebracht hat, auf die Briefbogen gesetzt, darunter steht: »Spezialität – Ländliche Sachen.«

Mit meinen Bauerngeschichten habe ich nicht schlecht abgeschnitten. Die Leute haben das Zeugs schon gefressen. Ich habe es auch recht mundgerecht aufgezogen. Aber gleich habe ich herausgebracht, daß man auf sein Publikum sehr aufpassen muß, wenn einmal eins vorhanden ist. So einfach ist das nicht. Da muß man eine feine Nasen haben.

Mein Vater selig hat's mir auch immer gesagt: »Wenn die Kundschaft braune Semmeln will, nachher macht man s' halt braun, und wann s' helle mag, nachher müssen s' hell sein.«

Das ist sehr richtig.

Den Namen Maria zwischen Oskar und Graf hab' ich mir zugelegt, weil es mir seinerzeit ein Schwabinger Maler gesagt. Lange Namen sind auch interessanter. Da meint das Publikum gleich, daß ich auf der Universität gewesen bin. Selbstredend bin ich mit der Zeit in die bessere Gesellschaft gekommen. Am Anfang hab' ich nie nichts geredet, aber gelust habe ich deutlich. Da ist immer von Büchern geredet worden, die wo gerad 'rausgekommen sind. Gleich hab' ich's gespannt, die Klassiker sind nicht mehr in der Mode, aber man muß schon gut reden über sie, wenn man s' auch nicht kennt. In neuester Zeit ist es auch so, daß man über die Klassiker schimpfen darf. Das gilt sehr viel oft. Ich habe aber lieber nichts gesagt, weil das gefährlich ist. Da könnte es sein, daß man sich verschnappt, und dann kommt's 'raus, daß ich nichts gelesen hab'. Leichter ist es schon gewesen bei den neuen Büchern. Was darüber gesagt worden ist, habe ich mir gemerkt und nachher habe ich es auch gesagt. Seitdem meinen die Leute, ich les' sehr viel, aber mir gangst.

Ich möchte aber nicht versäumen, weil ich weiß, wie schwer als es ist, bis man ein Geschäft macht und bis die Zeitungen gut über einen schreiben, indem ich eine Erfahrung mitteile, die wo ich einmal gemacht habe.

Man macht so seine Bekannten und die können alsdann schon nicht mehr anders, als einen recht loben. Mit der Zeit ist es mir aber drauf angekommen, daß seriöse Zeitungen mein Zeigs über den Schellenkönig loben. Hie und da hab' ich Glück gehabt. Die Leute waren nicht zuwider und haben geschrieben, daß ich es gar nicht mehr verstanden habe.

Aber ein Kritiker, der wo einen großen Anhang bei der vermöglicheren Käuferschaft gehabt hat, ist schon gar nicht hergegangen. Wart', hab ich mir gedacht, da muß man sich erkenntlich zeigen, weil's ja früher auch so der Brauch gewesen ist, zu einem Fufzgerwecken hat man zwei Semmeln dreingeben. Ich hab' mich also hingesetzt und habe dem Herrn einen Brief geschrieben, wie folgt:

Hochwohlgeboren titlichen Herrn Professor Doktor Joseph Straßenmiller, bei der Redaktion (ich lass' natürlicherweise die hochlöbliche Zeitung aus und der Namen ist auch nicht der richtige).

Hochwohlgeboren Herr Professor!

Es ist mir ein schmerzliches Gefühl, daß Sie meine Bücher nicht loben, wo ich mir so viel Mühe gebe, meiner Kundschaft in jeder Hinsicht gerecht zu werden. Ich bin auch katholisch und Mitglied der vaterländischen Verbände, weil es mir angeraten worden ist. Ich lege natürlich ein großes Gewicht darauf, daß Sie mich bestens empfehlen und möchte nicht, daß Sie zu kurz kommen dabei. Infolgedessen lege ich Ihnen hier fünf Mark bei als eine Erkenntlichkeit für Sie und hoffe bestens, daß es Ihnen jetzt ein leichtes ist, sich für meine Bücher einzusetzen.
In gefälliger Hochachtung bin ich zu Gegendiensten gerne bereit und bitte, mir solche wissen zu lassen. Und verbleibe
in unbegrenzter Verehrung
allerergebenst Ihr
Oskar Maria Graf, Provinzschriftsteller.

Aber da hab' ich mich sehr gebrannt. Der Herr ist sehr ekelhaft geworden. Ich hab' es gar nicht geglaubt, daß man einem Geld schenkt und er nimmt es nicht an. Der Herr hat's mir zurückgeschickt.
Gleich »eingeschrieben« auch noch. Alsdann hat er in seiner Zeitung geschrieben, daß ich ein ganz unmoralischer Mensch bin und behauptet hat er, ich hätte einen Bestechungsversuch bei ihm gemacht. Überhaupts hat er sehr vor mir gewarnt. Da ist mein ganzes Renommee beim Teifel gewesen. Ich habe einen Rechtsanwalt gefragt, wie er meint, was ich jetzt für Saiten aufziehen soll. Der hat aber eine sehr schlechte Auskunft gegeben und gemeint hat er, verspielen tu ich. Nachdem hab' ich ihn gefragt, ob es dem Herrn Professor vielleicht zu wenig gewesen ist, die fünf Mark, auf zwanzig könnte ich schon noch hinaufgehen, wenn's was hilft.
»Das ist noch schlimmer«, hat er mir Auskunft gegeben, der damische Hund. Ganz schwarz hat er mir die Folgen eines solchen Schrittes ausgemalt und natürlicherweise habe ich daraufhin meine zwanzig Mark für mich behalten. Weil aber der Professor gar keine Ruhe nicht

gegeben hat, hab' ich den Schwanz eingezogen und hab' mich auf was anderes verlegt. Jetzt schreib' ich keine Bauerngeschichten mehr, jetzt schreibe ich sozialdemokratisch, die spannen es nicht so und dann hab' ich gleich behauptet, der Professor ist ein Nationalist und ist bloß deswegen so ekelhaft zu mir. Das hat sofort gezogen.

Da sieht man gewiß ganz genau, was man mit der Schreiberei von Büchern alles aushalten muß.

Hochachtungsvoll
O. M. Graf.

»Teure Heimat … !«

# Revolution auf dem Dorfe

Geboren bin ich, wie sich allmählich herumgesprochen haben wird, in Berg am Starnberger See. Dort ist ein Schloß mit Park, das heute noch der Wittelsbacher Krongutverwaltung gehört. Es liegt direkt am Seeufer, im See selber ist der König Ludwig II. ersoffen. Er hat sich durch diesen seltsamen »Heldentod« ins Herz aller Bayern »eingesargt«. Und er hat Berg zu einem Ruhm verholfen, der sich im Laufe der Jahre als sehr einträglich erwiesen hat. Die Fremden kommen und sehen sich das halbleere Schloß an, Weiheduft weht sie an, sie gehen durch den Park an die Stelle, wo der irrsinnige König mit seinem Leibarzt ins Wasser gegangen ist, sehen sich die dorten erbaute Votivkapelle an – mit einem Wort: »Unvergeßlich lebt unser Ludwig weiter!«

Selbstverständlich hat sich schon lange ein Verschönerungs- und Fremdenverkehrsverein Berg e.V. gebildet, welcher vollauf zu tun hat. Er ist in Hinsicht auf seine politische Überzeugung großen Schwankungen unterworfen. Geht wieder einmal das Gerücht um, unser ehemaliger Kronprinz will nach Berg ziehen und den Schloßpark für den Durchgangsverkehr schließen, so ist man auf der Stelle antimonarchisch. Verflüchtigt sich das Gerücht, ist man wieder königstreu und monarchenbegeistert. So ein Park hat also allerhand in sich.

Einmal aber war in meinem Heimatdorf fast so was wie eine Revolution. Nämlich es war gerade das authentische Tagebuch König Ludwig II. faksimiliert herausgekommen, hatte Aufsehen erregt und mich veranlaßt, im »Simplizissimus« eine kleine Glosse zu veröffentlichen. Darinnen nun teilte ich mit, daß ich noch viel mehr Nichtbekanntes von unserem unvergeßlichen Ludwig erfahren hätte, und zwar in Berg, in einem dortigen Gasthaus, wo Einheimische beisammengesessen wären, welche seinerzeit noch dabei waren, wie man den Ludwig und den Doktor Gudden aus dem See gezogen hat.

Die Nummer des »Simplizissimus« wurde, nicht wegen meiner, sondern weil Karl Arnold eine Photomontage gegen die willkürlichen Zensurmaßnahmen der Staatsanwälte drinnen hatte, verboten. Arnolds Bild zeigte viele zusammenkomponierte Frauenakte aus pikanten Zeitschriften. Ein Berger Villenbesitzer bekam die betreffende Nummer aber doch irgendwo zu sehen, las meine kleine Glosse und erzählte in den nächsten Tagen arglos und belustigt, daß »verschiedene Berger Bürger im Simpl stehen«.

Sofort gewaltige Aufregung. Keiner wußte zwar, *was* die Glosse enthielt, aber gleichgültig, ich hatte den Verschönerungsverein und etliche wirkliche Namen genannt. Das wußte man.

Die Betroffenen kamen zu meinem Bruder, der noch heute eine kleine Konditorei da draußen betreibt. In wildester Aufregung polterten sie im Laden, drohten mit Boykott, mit Fensterein werfen und beschuldigten meinen armen Bruder, er und kein anderer habe mir diese Niederträchtigkeiten eingegeben. Der war völlig ahnungslos und rief mich telephonisch an.

»Mensch«, höre ich ihn heut noch am Telephon, »Mensch, was hast du denn da wieder geschrieben? ... Ganz Berg ist rebellisch! Mach doch nicht immer solche Dummheiten ... Den Schaden hab' doch bloß immer ich davon!«

Er erzählte. Ich fragte: »Hast du denn die Geschichte gelesen?«
»Nein ... Kein Mensch hat's gelesen, bloß der Herr von Poschinger hat's aus der Stadt mit heimgebracht ...«

»Ja, Herrgott, das ist doch vollkommen harmlos«, sag' ich.
»Ja, aber die Leut' sind ganz narrisch!«
»Ich schick' dir die Nummer 'naus«, versprach ich.

Ich schickte also die Nummer. Meine Glosse war wirklich bloß lustig und weiter nichts. Maurus zeigte den Beleidigten die Nummer des »Simplizissimus«. Sie lasen.

»Die Nummer ist auch verboten«, sagte mein Bruder unvorsichtigerweise. Nun ging's erst recht los. Keine Aufklärung nützte.

»Dem Hundling muaß sein Handwerk g'legt werdn!« drohten die Erbosten.

Abermaliger Telephonanruf Maurus': »Du, nimm dich in acht! Sie wollen 'neikommen und dir dein ganzes Atelier z'sammhauen ... Sie sind jetzt erst recht narrisch ... Sehn kannst d' dich nimmer lassen bei uns ... Sie wollen sogar eine Abordnung zum Landtag schicken und verlangen, daß du nicht mehr schreiben darfst!«

Das war Musik in meinen Ohren.

»Haut schon! Laß s' nur kommen, aber tu mir den einzigen Gefallen, schau, daß sie wirklich in den Landtag hineinfahren ... Wunderbar!« bitte ich förmlich.

»A damischer Kerl bist, a damischer!« hängt mein Bruder ab.

Am darauffolgenden Tag bekomme ich einen Eilbrief von Maurus. Er schildert die Situation.

»Und sie sagen, die nackten Weiber hast auch du gezeichnet, ein Saukerl bist du. Ich hab' ihnen das ausreden wollen, aber unmöglich.«

»Der ist doch kein Maler ... Der schreibt doch bloß so Zeugs«, sage ich, aber nein. Der Friedl-Xaverl haut auf die Ladenbudl und schreit: »Natürli hot er dö Sauerei aa (auch) gmacht! Er hot doch a Atelier!«

»Ich hab' mich gehütet, sie noch mehr aufzuhetzen. Ich hab' ja doch bloß den Ärger und Verdruß. Wie ich mich gar nicht mehr ausgekannt hab', wie es schon ganz bedrohlich geworden ist, da bin ich zum Oberst von Poschinger hinter gegangen und hab' ausgemacht, er soll doch sagen, das, wost du geschrieben hast, ist ja für Berg und für den Verschönerungsverein die schönste Reklame. Er hat es auch freundlicherweise getan und sofort hat die Stimmung umgeschlagen, Gott sei Dank. In den Landtag kommen sie nicht und dir wollen sie auch nichts mehr, aber insgeheim haben sie doch eine Wut.«

So der Brief. Kurz darauf kam ich wieder nach Hause. Die Rebellion war so ziemlich vorüber, bloß der Friedl-Xaverl wollte mir die Schaufel hinaufhauen, hat aber bloß gedroht damit.

Abends bin ich zum Bichler in die Wirtschaft. Da sind die Beleidigten alle beieinander gewesen.

Schon wie ich unterm Türrahmen erschienen bin, hat der Fischer-Liedl schnell zu allen gesagt; »Stad (still) sein ... Nix mehr redn, der bringt alles ins Blattl ...« Worauf natürlicherweise auch alles stockstumm wurde.

Mein Bruder und ich hockten uns hin.

»So, da bin ich jetzt! Also ös wollts net amoi (einmal), daß man für enk Reklame macht«, sag' ich.

»Aba oiwai (alleweil) bei da Wahrheit bleibn!« drauf der Liedl als Wortführer.

»Ja, sogst denn du, wennst a Gschäft mit deine Fisch macha mächst (möchtest), sie san schlecht?« warf ich hin.

»Na ... Worum?«

»No also ... Ich konn doch Berg it schlecht macha ... I muaß doch lüagn, daß 's a wahres Paradies is«, klärte ich ihn auf. »Und dös hob i to (getan) ...«

Ein, zwei Sekunden schauten alle mißtrauisch und verblüfft. Endlich der Liedl: »Ja nachha ... Nachha is 's wos anders ...«

Friede.

Es vergehen zwei Jahre. Weiß der Teufel, langsam kriegt man in Berg vor meiner Schreiberei Respekt.

»Schreibt er denn gor nix mehr üba uns?« fragen sie beim Maurus an.

»Na, er mog nimma«, antwortet der. »Do müaßts scho freundlicher werdn ...«

Weihnachten komme ich heim und geh' in die Christbaumfeier des Veteranen- und Kriegervereins. Der Veteranenvereinshauptmann Hofbauer aus Allmannshausen tritt vor die Bühne und fängt seine Rede an:

»Wir begrüßen unsern bekannten Schriftsteller Oskar Maria Graf, Herrn Dekan und den Stahlhelm ...«

Ich fall' fast vom Stuhl.

Später – hab' ich in Erfahrung gebracht – fragt der Hofbauer meinen Bruder: »No, wos glaubst, hot dös vielleicht an Oskar wieder umgstimmt ... Mir kunntn scho wieder a so a Reklame braucha ...«

Provinzschriftsteller sein hat auch so seine Mucken.

## Katholische Begebnisse

Meine alte Mutter ist eine echte, schlichte, bayrische Katholikin. Ich besuche sie manchmal. So auch neulich. Wir kamen – wie das so geht – auf dies und das zu sprechen und schließlich auch auf das lange, lange Regenwetter.

»Dös is überhaaps dös recht nimma ... Scho seit etli(chen) Johr gfoit (gefällt) mir dö Gschicht nimma«, meinte meine Mutter. Und sie gab ihre Meinung dahin ab, daß an den auffallenden Wetterveränderungen der letzten Jahre – man denke, in Amerika sterben die Leute vor Hitze, in Paris schneit es im Hochsommer usw. – einzig und allein dieses Herumfliegen in der Luft schuld sei. Zuerst das ewige Nord- und Südpolfliegen und jetzt gar auch noch das mit diesem Piccard.

Dies ist übrigens auch die vorherrschende Ansicht aller Bauern bei uns. »Dö hobn dös ganze Wetta verschreckt«, heißt es in bezug auf diese wißbegierigen Forschungsflieger. Ob da was Wahres dran ist, weiß ich nicht, aber wir als echte Katholiken haben von jeher einen Horror gegen Entdeckungen und Erfindungen. Haben wir doch in der Schule bei der Katechismusstunde ausdrücklich gelernt: »Wenn einmal alles entdeckt ist, geht die Welt unter.« Es ist also weiter nicht verwunderlich, daß seit dem rapiden Zunehmen der wissenschaftlichen Erkenntnisse, seit Radio und Flugzeug, Piccard und so weiter im altbayrischen Land eine begreifliche Unruhe umgeht. Mein Gott, wir sind katholisch und frönen unausgesprochen der Skepsis: Niemand kann was wissen und samt ihrer Aufklärung wird's nicht besser. Und überdies stirbt dabei der Glaube.

Gut also, zum Schluß kamen meine Mutter und ich auch auf den Weltuntergang zu sprechen.

»Jaja«, sagte ich, »Muata, wenn man's gscheit o'schaugt (anschaut) …, jetzt muaß ja d' Welt boi (bald) untergeh' …« Indessen – ich hätte es nie für möglich gehalten, daß dieser böse aufklärerische Geist schon so weit vorgedrungen ist – meine Mutter stimmte zwar mit mir überein, doch sie fing auf einmal das Erklären an. Ganz konkret, sag' ich Ihnen! Ich war baß erstaunt. Zum Schluß nämlich sagte sie fast eifernd: »Na, na, *so* schnell geht dös net! Auf oan Sitz (mit einem Ruck) bricht d' Welt net zsamm (zusammen) … Dös konn oiwai (alleweil) noch a poor Johr hergeh' … Dö nützt sie schö langsam o (ab) und nachha foit's zsamm … (fällt sie zusammen) …«

*

Es ist schön bei uns. Seit wir Revolution gehabt haben, wachsen die Klöster wieder massenhaft aus dem Boden. Einst war die »Rottmannshöhe« (ehemaliger Landsitz des berühmten Malers Rottmann oberhalb Leoni) eine vielbesuchte Fremdenwirtschaft. Eine Drahtseilbahn führte von Leoni hinauf. Wunderbare Aussicht hatte man von der Veranda auf See und Gebirge. Im Krieg ist der ganze Betrieb eingegangen und jetzt – sitzen die Jesuiten in dem geräumigen Haus. Exerzitien kann man machen, das heißt die Jesuiten gehen herum und halten die Leute wirkungsvoll zur Buße an. Du zahlst 12 oder 14 Mark, gehst zur Rottmannshöhe, mußt drei Tage fasten und beten und kannst gereinigt wieder abziehen. Das Geschäft blüht. Allerdings, wenn man meint, daß bei der Geistlichkeit kein Konkurrenzneid herumgeistert, irrt man. Die Jesuiten haben eine heizbare Kirche und man kann dort in den Stühlen sitzen. Kein Wunder, die umliegenden Bauern gehen lieber zur Rottmannshöhe als nach Aufkirchen in die eiskalte Pfarrkirche. Außerdem predigen die Jesuiten viel unterhaltsamer als der hochwürdige Herr Pfarrer. Der ärgert sich.

»Jaja, früher, da ist meine Kirche voll g'wesen, aber jetzt …«, so ungefähr läßt er manchmal im Laufe seiner Sonntagspredigt durchklingen, und was er meint, versteht jeder.

Man mag aber im allgemeinen die vielen Klöster bei uns gar nicht so gern. Sie kaufen nichts und produzieren alles selber. Man duldet sie folgedessen und kümmert sich nicht weiter um sie.

In Aufkirchen steht ein uraltes, von einer hohen Mauer umgebenes Karmeliterkloster. Schwestern sind drinnen, an die vierhundert. Du siehst sie nie. Sie führen ein Leben hinter Mauern und undurchsichtigen Fenstern, so still, so unauffällig, daß kein Mensch je mit diesen Schwestern rechnet.

Sie sind schier nicht vorhanden.

Zu meiner Schwägerin in Berg sind einmal Fremde gekommen und haben gefragt, was in dem Kloster für ein Orden sei.

»Ja, tja«, sagt sie fast verwundert: »Ja, i woaß's (weiß es) jetzt net, san's (sind es) Israelitn oder Karmelita ...« So wenig interessieren uns diese frommen Anstalten.

Hingegen *einmal* kannst du alle vierhundert Schwestern sehen. Nämlich wenn sie in Reih und Glied aus dem Klausurgebäude treten, die Hände gefaltet, den Kopf gesenkt – und beim Wirt drüben ihren Wahlzettel bei der Reichs- oder Landtagswahl abgeben. *Was sie* gewählt haben, kann man sich vorstellen.

Aber was geniert das uns!

# Der Kaiser aus Amerika besucht uns

Seit Großvaters Zeiten ist's in unserer Familie Tradition, daß immer etwelche ins Amerika auswandern und sich dort sehr schnell, geradezu unheimlich fix, zu waschechten USA-Bürgern hinaufentwikkeln. Seit lang vor dem Krieg sind zwei meiner Brüder drüben: Der älteste namens Eugen und der jüngere Lorenz, üblicherweise von uns »der Lenz« geheißen. Anno 1922 ist dann auch noch meine jüngste Schwester Nanndl – eigentlich Anna – über den Ozean hinüber.

Alle haben sie es zu einer guten Existenz gebracht, am weitesten aber entschieden der Eugen. Der war ja auch wie zum Erfolg geschaffen. Er hat seinerzeit in München »auf Kaufmann« studieren müssen, ist alsdann Brauereibuchhalter in Starnberg gewesen und war der Stolz unseres Vaters selig. Er war ein sehr schmucker Bursch, hat viel auf äußere Erscheinung gegeben, ist von jeher ein guter Tänzer und lustiger Gesellschafter gewesen, was ihn hinwiederum allseits beliebt machte, und natürlicherweise hat er infolgedessen Glück bei Frauen und anderswo massig gehabt. Ansonsten verfügte er über ein unangekränkeltes, beträchtliches Selbstbewußtsein, über einen gewiegten Geschäftsverstand und hatte wenig unnützen Wissensdrang. Er ist ein schwärmerischer Verehrer vom Napoleon und vom Cecil Rhodes gewesen, nicht weil er von ihnen viel gewußt hat, sondern bloß deswegen, weil die zwei sehr berühmt und erfolgreich gewesen sind. Überhaupt – ganz ohne Romantik ist er nicht gewesen, der Eugen, das muß zugegeben werden. Wie er aus dem Militär herausgekommen ist, hat er einmal in einer Auslage zwei Bücher gesehen: Leo Erichsen, »Die Macht der Persönlichkeit« und Friedrich Nietzsche, »Wille zur Macht«. Die Titel haben ihn magisch angezogen; er hat die Bücher sofort gekauft, selbstredend nie gelesen, aber die schlagwortartigen Titel sind ihm in der Folgezeit gewissermaßen zu Lebensleitsätzen geworden und, es scheint, sein Instinkt hat ihn richtig beraten. Mit viel Energie hat er sich im Amerika drüben hinaufgearbeitet, hat seine Frau, eine geborene Starnbergerin, hinüberkommen lassen, ist heute Großbäckermeister, Mühlenbesitzer und Hoteldirektor und Vater von fünf kräftigen Kindern.

Kein Wunder also, daß ihn der Erfolg schnell veramerikanisiert hat und daß er uns Daheimgebliebene ziemlich verächtlich von oben herab behandelt. »Wir Amerikaner«, schreibt er in jedem Brief und erteilt auf ähnlich Weise Ratschläge. Er ist ein guter Mensch, nur mag er zu gern regieren. Seit der Inflationszeit haben seine Briefe einen Feldwebelton. Er schickte dazumal öfters Dollars und natürlicherweise hatte er über die Verwendung derselben seine eigenen Ansichten, was aber meistens nicht befolgt worden ist von uns. Wegen dem hat er oft ganz mordialisch schimpfende Briefe geschrieben, hat uns regieren wollen, daß es grad lustig gewesen ist. Wir nennen ihn seither unseren »Kaiser Wilhelm«. Erinnerlicherweise hat ja unser ehemaliger Kaiser auch einen recht eigenen Kopf gehabt, etwas so Preußisch-Barsches, das wo uns Bayern gar nicht liegt, und wie man weiß, hat er auch immer alles besser verstehen wollen. In dieser Hinsicht, scheint's, gleicht ihm unser Bruder Eugen.

Wegen meiner zum Beispiel hat ein Professor einmal nach Amerika hinübergeschrieben, daß ich ein sehr talentierter Mensch bin, aber ich müßte vorerst unterstützt werden. Eugen hat dem Professor gleich geantwortet, auf etliche Dollar mehr oder weniger kommt es ihm nicht an, aber ob er denn nicht glaubt, der Professor, daß mit der Zeit so ein Talent nachläßt. »Siehe Bodenstedt«, hat er in dem betreffenden Brief verlauten lassen und hat gemeint, der Dichter ist doch auch später ein rechter Trottel geworden. Alsdann aber hat der Eugen jeden Monat einen Dollar geschickt – nicht an mich, sondern an den Professor – und geraten hat er dem, er soll mir das Geld nicht immer auf einmal, sondern in kleinen Raten nach und nach auszahlen, weil's ich vielleicht leichtsinnig werden könnte.

Ein Dollar ist damals freilich trotz der höchsten Inflationszeit grad nicht arg viel gewesen, insonderheit wenn man bedenkt, daß ich nie habe warten können, sondern ihn sofort umwechseln und ausgeben habe müssen. Aber, wie gesagt, es war doch eine Hilfe. Meine Wäsche und die Miete hab' ich davon schon bestreiten können. Wie aber der Professor geschrieben hat, mehr Dollars wären nötig, da hat unser Amerikaner erstens keine weitere Antwort mehr gegeben und sonderbarerweise den einen Dollar immer später geschickt, einmal in sechs Wochen, dann in zwei Monaten. Der Professor, den wo ich in meiner Not immer schon voreh angepumpt habe, ist schließlich bärig geworden und schreibt dem Eugen eindringlich, er soll doch die Frist einhalten und mehr geben. Dies war nicht hell von ihm, denn auf das hin ist von Amerika ein grober Brief an ihn gekommen:

»Well, so Versemachen ist ein überflüssiger Beruf für einen gesunden, starken Menschen. Oskar soll mal lieber einen anderen Beruf ergreifen. Well, hab' meine Dollars nicht für so dummes Zeug.«

Der Professor ist außer sich gewesen. Mir ist seitdem mein Bruder nicht mehr gewogen und weil ich ihm alsdann noch einen recht spöttischen Brief geschrieben hab', ist er mir ganz und gar feind geworden. Was auch geblieben ist.

»Well, so Taugenichtse wie der Oskar werden in Amerika sofort auf den nächsten Baum geknüpft«, hat der Eugen heimgeschrieben und kurzerhand blankweg befohlen: »Laßt ihn mal nicht mehr über die Schwelle daheim, sorgt, daß er ins Irrenhaus kommt.« Gemütlich, wie man bei uns ist, hat man ihn halt donnern lassen. Aber es ist nicht bei mir allein geblieben.

»Well, als Geschäftsmann mußt du sofort heiraten. Wir in Amerika schätzen unverheiratete Geschäftsleute nicht«, schreibt der Kaiser meinem Bruder Maurus, der wo damals grad seine kleine Konditorei in Berg aufgemacht hat. Der Maurus hat es aber nicht mit dem Heiraten gehabt. Sieben Jahre hat er den Eugen warten lassen.

Hinwiederum scheint man da drüben im Dollarland immer zu meinen, alte Leute seien krank und müßten sich ewig kurieren. Drum hat der Eugen nach einer Geldsendung einmal geschrieben: »Well, Mutter soll von dem Geld nach Karlsbad oder Reichenhall gehen und sich gute Zeit machen, soll den besten Spezialisten nehmen und mal nicht sparen.«

»Ja freili! Sunst nix mehr!« hat meine Mutter gemeint. »I wer jetzt glei mittn an Summa 's Faulenzn ofanga (anfangen) und wia a Herrschaft dös schö(ne) Geld aussiwerfa ... I woaß it, wos der ois (alles) an Kopf hot! Lauta so dumms Zeug!« Geschrieben hat sie überhaupt nicht, daheim geblieben ist sie selbstredend und – seltsam geschwind sind so Amerikaner – im nächsten Brief hat der Eugen schon längst nichts mehr gewußt davon. Er hat umgehend einen Stammbaum haben wollen. »Well«, hat er geschrieben, »will mir ein Wappen machen lassen.« Der Maurus ist zum Pfarrer von Münsing hinaufgeradelt, weil der sich mit so was beschäftigt. Der hochwürdige Herr hat auch versprochen, einmal nachzuforschen, wo wir herkommen. Hingegen schon eine Woche drauf schreibt der Egon barsch: »Well, Ihr Deutsche seid schreckliche Schlappschwänze. Brauch keinen Stammbaum mehr, laß ihn mir bei uns besorgen, da bekomme ich ihn fix und fertig in drei Tagen mit Wappen.«

So ist das immer fortgegangen, auch nach der Inflationszeit noch. Recht unterhaltlich sind so Briefe immer gewesen, aber selbstredend sind wir nicht mehr auf die verschiedenen Befehle eingegangen. Und auf Antwort hat er immer sehr, sehr lang warten müssen, der Eugen, oft gleich ein Vierteljahr. Was schreibt man denn auch viel auf dem Land, wenn man Tag für Tag seine Arbeit hat.

\*

Vorigen Sommer ist eines Tages die Botschaft gekommen, besuchen will er uns, der Eugen. Freilich, man hat ein bißl gezweifelt daheim, aber es ist dann doch schließlich wahr geworden. Mit seiner Frau, seinem jüngsten Buben und einem »Studebaker-Car« hat er sich einschiffen lassen. Er wollte sich in Europa die Hotels anschauen und etliche Monate daheim bleiben. 1905 ist er ins Amerika. So, wie er Deutschland verlassen hatte, meinte er, ists immer noch. Auch in diesem großen, seltsam fixen Land scheint einer, wenn er einmal festsitzt, Provinzler zu bleiben. Er sieht auch weiter nichts von der Welt und spürt nichts von dem, was sich verändert.

Kurz und gut – angegangen ist die Sache mit einem wüsten Bombardement von Telegrammen, wo immer das gleiche drinnen gestanden hat. »Liverpool schlechte Hotels – London keine großen Geschäfte – Hamburg schmutzig, unfair« und so weiter.

Bei uns telegraphiert man höchstenfalls, wenn einer am Sterben liegt oder bereits gestorben ist. Folgedessen haben die Telegramme vom Eugen zuerst ein wenig erschreckt, alsdann aber, wie sie immer bloß das gleiche gesagt haben, sind sie gar nicht mehr weiter angeschaut worden.

»H-ahm, wirft er do an so an Haufa Geld aussi!« hat meine Mutter bloß hie und da gebrummt.

An einem Sommertag fuhr ein Auto wie hundert andere auf der Starnberger Straße daher. Die Leute sind auf den Feldern gewesen und haben Heu eingeführt. Kein Mensch hat aufgeschaut. Das Auto ist zum Dorf herein und vor dem kleinen Konditorei-Kaffeehäusl vom Maurus stehn geblieben. Meine Mutter ist grad im Pflanzgartl gewesen und hat das Unkraut ausgerissen. Ein dicker Mann ist aus dem Auto heraus durchs Gartentürl gekommen.

»Grüß Gott«, sagt er und lächelt ein wenig.

»Grüaß Good ... Wos mächtn S' denn?« fragt ihn meine Mutter mißtrauisch, weil sie meint, es ist einer vom Bezirksamt und hat wieder allerhand Beschwerden. »Mächtn S' zum Maurus ... Der is in der Backstubn hintn ...« Sie richtet sich auf, weil das fremde Mannsbild noch immer so seltsam stehen bleibt und schaut ein bißl verwundert drein. Da gibt sich der Eugen zu erkennen.

»T-ja-ja, wos? Wos? ... Du bischt der Eigen?« betrachtet ihn meine Mutter noch immer, freilich schon ein bißl aufgekratzter, und setzt dazu: »Jaja, jetz so wos! ... Bischt jetz doch amoi do!« Sie schaut ihn von oben bis unten an und setzt dazu: »No ja, muaß dir hübsch guat geh! Zeckafoascht (feist wie eine Zecke) bischt! Jaja!« Sie wischt sich die dreckigen Hände am Fürter (Schurz) ab, steigt aus dem Gartenbeet, fragt, wo er Frau und Kind gelassen hat; die seien bei den Starnberger Verwandten, erfährt sie, und: »Jaja, jetz geh nu glei cina ... Jetz muaß i glei an Kaffee macha!«

Drinnen ists natürlich fidel geworden. Die Begrüßung war was recht Erbauendes. Dagegen der Eugen ist, scheint's, nicht recht zufrieden gewesen.

»Habt ihr denn mein letztes Telegramm nicht bekommen?« hat er ziemlich wirsch gefragt.

»Dei Telegramm? ... Jaja, scho ... Aba mir hohn's nu gor nit aufgmacht ... Is ja glei jedn Tog oans kemma und oiwai (allweil) dös Gleich drinngstandn«, sagt der Maurus und nimmt das Formular hinterm Spiegel heraus: »Do is's!«

Eugen reißt es auf und zeigt es her. Drauf steht: »Ankomme Dienstag. Verwandte und Bekannte einladen, Eugen.« Mutter, Resl und Maurus schauten sich verständnislos an. Jeder wird sich gedacht haben: Wart, Triumphbögen machen wir jetzt!
Peinlich.
»Ich hab' gemeint, es wird ein netteres Wiedersehen«, hat sich der Bruder aus Amerika verlauten lassen und schon viel unguter setzte er dazu: »Scheint mich ja kein Mensch mehr zu kennen.« Abermals peinlich.
»Ja mei«, hat alsdann meine Mutter gesagt: »Dö Verwandtn und Bekanntn? ... Jetzt an Summa (Sommer) hot doch koa Mensch Zeit ...« Das hat wieder alles halbwegs eingerenkt.
Man sieht, der erste Empfang war soweit ganz schlicht.
Sie sind alsdann durchs Haus gegangen, in der Resl ihren Stoffladen, in den Maurus seinen und in die Backstube. Durch die Stuben und Kammern sind sie. Nieder und wacklig waren sie, kleine Fenster haben sie. Wie man in der »guten Kammer« angelangt ist, hat Mutter gesagt: »Do kinnts (könnt) ös schlaffa ...« Alles war frisch überzogen und hergerichtet.
Aber: »No-no«, hat der Eugen gesagt: »Wir ziehn drunten ins Hotel ...« Das hat wiederum nicht gut gewirkt.
Der Eugen ist nach Starnberg und hat Frau und Kind gebracht. Abends ist man zusammengesessen, hat Radi und einige Maß Bier gehabt. Lustigkeit ist keine rechte aufgekommen. Nachts sind die Amerikaner ins Hotel hinunter.
»No ... Stolz san s' (sind sie)« hat unsere Mutter gesagt: »Und Hamur hot er aa (auch) koan mehr, der Eigen ...«

*

Das ist nicht gesagt, daß man sich daheim über den Besuch aus Amerika nicht gefreut hat. Wer so was annimmt, der irrt durchaus. Bei uns zeigt man bloß seine Freude nicht offen und laut. Das Übertriebene ist uns grundzuwider. Man mag es einfach nicht.
Grad dieses Nichtzeigen aber war gar nicht nach dem Gusto vom Eugen, absolut nicht. Es verstimmte ihn vom ersten Tage an, es wurmte ihn insgeheim fürchterlich. Man kann's ja auch verstehen: Einer geht arm fort und kommt als steinreicher Knopf wieder. Er möchte gern angestaunt, um und um bewundert und geehrt werden. Es geschieht aber nichts dergleichen. Das ist ärgerlich.

Der Eugen ist mit seinem Auto zu seinem ehemaligen Schulkameraden, unserem jetzigen Bürgermeister Paul Huber, dem »Schatzlpauli«, hinüber und hat ihm seinen »Studebaker-Car« vorgeführt. Der Pauli ist der reichste Bauer im Dorf und gar kein Gestriger mehr. Er hat studiert, ist gescheit und hat eine aus der Stadt geheiratet. Zwar macht er kein weiteres Aufheben von sich, er ist ein echter Bauer geblieben, radikal. Bloß lebt er nicht mehr wie früher. Er gönnt sich was. Er treibt Musik. Er fährt sogar jedes Jahr etliche Wochen fort. Nach Wien, Berlin oder Hamburg, nach Rom oder Paris, nach Florenz oder London. Man kann ihm also kein X mehr für ein U vormachen.

Voller Interesse hat der Pauli die »Car« betrachtet, hat sich nach dem Preis erkundigt und so.

»Jaja, i kenn's schon, dö amerikanischn Wägen«, sagt er alsdann gemütlich: »Sie san (sind) arg leicht gfedert ... Für dö deutschn Straßn taugn s' nix ...«

»Was ... Unsinn! Steig mal ein!« meint der Eugen drauf schier erbost, und sie sind spazierengefahren. Hundert und hundertzwanzig Kilometer Geschwindigkeit hat der Eugen herausgeholt und ist sogar aufgeschrieben worden vom Gendarm. Wie sie dann heimgekommen sind, sagt der Pauli: »Jaja, es is a schöns Fahrn mit aran Auto, aba i mächt (möchte) koans ...«

»Warum nicht?« will der Eugen wissen.

»I fahr' liaba mit der Bahn, dös is doch kammota (kommoder)«, meint der Pauli. Der Eugen ist ganz rot geworden.

»Du könntest dir doch schon längst eine Car leisten«, meint er wiederum.

»Jaja, leistn! ... Hm, leistn vielleicht scho«, gibt ihm der Pauli zurück: »Aba i woaß's it ... wer amoi a Auto hot, bei dem glaabt (glaubt) ma, er hot an Haufa Geld und glei is 's Finanzamt dahinter ... I mog mei Ruah hobn ...«

Heimgekommen ist der Eugen und hat in einem fort den Kopf geschüttelt. Sehr was Rückschrittliches wären diese Deutschen, meint er. Wie ihm aber der Maurus vom Schatzl-Pauli seinen Reisen erzählt hat, ist er noch ungemütlicher geworden.

»Eine Car ist viel rentabler«, hat er gesagt. »Da bin ich an nichts gebunden und komme viel weiter, wenn ich will.« Die allgemeine Respektlosigkeit hat ihm keine Ruhe gelassen. Auf der Stelle hat er gesagt: »Na, ich werd' euch mal zeigen, was man per Car alles machen kann ...«

Und knallprotz-überheblich sagt er zur Mutter: »Wir werden morgen mal fix nach Rom fahren.«

»Auf Rom? ... So weit! Jaja! ... Mit mir?« ist natürlicherweise meine Mutter ein wenig baff geworden und das hat den Amerikaner doch wieder etwas aufgerichtet. Geringschätzig hat er gelacht und gemeint: »Ist doch nichts dahinter ... wir in Amerika machen noch viel weitere Touren ... Also morgen früh geht's los ...«

Meine Mutter ist eine schlichte, gute Katholikin. Rom, das hat sie schon gefreut, bloß der weite Weg halt und ewig in diesem »Karrn« drinnen. Sie hat zwar nichts davon verlauten lassen, am andern Tag in aller Herrgottsfrühe sind sie weggesaust. Die Leute haben neugierig geschaut. Das ist was Wohliges gewesen für den Eugen.

In Innsbruck haben sie zum erstenmal halt gemacht.

»Ist's nicht schön, Mutter? ... Wondervull, was?« hat dem Eugen seine Frau geschwärmt.

»Die schönen Berge ... Herrlich!«

Meine Mutter ist bloß saumüd gewesen.

»Jaja, schö scho, aba sie nehma dös ganz Liacht weg, dö Berg«, sagt sie. »I woaß's (weiß es) net, bei üns dahoam (daheim) gefoit's mir scho besser ...«

Eugen und seine Frau schauen sich bloß an.

»Ist doch schön, wenn du in deinem Alter noch mal so eine große Reise machen kannst, Mutter«, will der Eugen sie umstimmen. »Gefällt dir das nicht?« Meine Mutter ist eine freundliche, friedliche Person.

»Jaja, scho, scho«, sagt sie. »Aba i hob direkt Kopfweh vo dera Fahrerei ...« Wie eine kalte Dusche wirkte das auf die Amerikaner. Sie gehen ins beste Hotel, essen zu Abend und trinken Wein dazu.

»Froh bin i, wenn i jetz lieg'«, sagt unsere Mutter. Der Wein schmeckt ihr gar nicht. Bei jedem Schluck verzieht sie das Gesicht, wie wenn sie Essig trinken muß. »Schmeckt er dir nicht?« erkundigen sich die besorgten Amerikaner.

»Jaja, er is scho guat, aba über ünser Bier geht nix«, meint hinwiederum Mutter.

Bier kriegt sie. Abermals wechseln die Amerikaner betroffene Blicke. Und erst wie das Italien angeht. O je! O je!

»Jetz, i woaß's net ... Ois (alles) kochen 's do mit Solotöl (Salatöl) ... Dös widersteht oan'n (einem) glei ... Pfui Teifi! Dös is dös Recht' it für mi ... Do hättst (hättest) mi groad zwoamoi (zweimal) ...«, grantelt unsere alte, friedliche Mutter. Über die mordialische Hitze klagt sie. Nichts, radikal nichts gefällt ihr. In Rom sieht sie endlich den Papst, darf ihm mit vielen anderen Pilgern die Hand küssen. Sie schaut ihn sich genau an, diesen Gottesfürsten.

»Na, hat er dir imponiert?« fragt sie der Eugen hernach.

»Jetz, i woaß's it ... Er ist eigntli a kloans (kleines) Mannsbild ... Er stellt eigntli gor nix vor ... A mitterner Mensch! ... Er is it größer wia du«, gibt sie ihr Gutachten ab und man sieht's ihr an, ihre heiligmäßige Vorstellung hat einen argen Stoß erhalten. Fast lästerlich schüttelt sie den Kopf: »Do is der König Ludwig selig scho ganz wos anders gwen ... Dös is a großa, a strammer Mensch gwen ... Und a sauberer Mensch ... Do konn da Heili Vata it hi! Do is er nix dagegn ...«

Wieder war's also nichts. Die Amerikaner wurden langsam trübselig. Enttäuscht fahren sie durch die Stadt und, wie sich's gehört, bleiben sie andächtig vor den historischen Ruinen stehen. Heiß ist's, entsetzlich heiß. Unangefochten geben sich Eugen und seine Frau der üblichen Kunstbegeisterung hin.

»No, Herrgott, wos bleibt's denn jetz do so lang steh! Wos schaugts denn?« Ist dieses Herumstehen meiner Mutter denn doch zu dumm geworden: »Es secht's (seht's) doch, doß dös noch gor it fürti is ...«

Die zwei lächelten mitleidig und sind weitergefahren. Aus Rom hinaus, durch das ewige flache Italien, wo nichts als Staub und blauer Himmel vorhanden war, endlich durch das Gebirge und wie man wieder ins flache bayrische Land gekommen ist, hat die alte Mutter wie erlöst aufgeschnauft: »Gottseidank, daß ma wieder soweit sein (sind) ... Ganz damisch bin i noch von dera Hitz und von den ewigen Fahrn ... Mei Liaba, mi stimmst it ... Zu den ewigen Umananderroasn (Umeinanderreisen) ghärt aa (auch) a bsonderner Mogn (Magen) ...«

Sie war also alles andere als dankbar und begeistert. Nie hat sie ein glücklicheres Gesicht gehabt, als wie bei dieser Heimkehr in ihre wakkeligen Stuben. Die Amerikaner wurden hier verbittert darüber, weil kein Mensch ihre Großartigkeiten anerkannte.

Enttäuscht fuhren sie durch die Landschaften. Friedlich und gemächlich arbeiteten die Leute, keine Hast, kein Überstürzen war da zu bemerken. Dieses Deutschland lebte eigentlich gar nicht so schlecht. Notig war es durchaus nicht. Gar nicht auf dem Hund. Der Minderste hatte, wenn er's ein bißl geschickt anstellte, sein Fortkommen. Gesund waren die Landleute, lustig und zufrieden.

Die Amerikaner fuhren jeden Tag nach München. Hockten sich vormittags in irgendeinen Bräu und verzehrten Weißwürste in Masse. Da sahen sie erst recht, wie gemütlich sich's bei uns leben läßt. Aufs Essen und Trinken gab man was und das »Tempo« war gar nicht geschätzt.

Immer kleinlauter ist der Kaiser geworden. Trotzdem aber hat's ihn nach so was wie Triumph verlangt. Nicht hat er schlafen können drüber, daß man – wie man bei uns sagt – nicht »estimiert« war von ihm und seinem amerikanischen Gebaren. Er hat tun können, was immer: Mit bäuerlichen Verwandten in seinem Auto große Touren machen, da und dort große Trinkgelder in Form von echten Dollars geben – nichts hat sonderlich gewirkt auf sein Renommee.

Es war zum Auswachsen.

»Den Deutschen geht's eigentlich ganz gut. Wir Amerikaner müssen viel mehr arbeiten«, hat er dem Maurus einmal gestanden. Und der hat drauf gesagt: »Jaja, mir mächtn aa (auch) it tauschn mit enk ...«

Endlich haben sich von der Starnberger Verwandtschaft doch etliche Bewunderer gefunden. Sie haben die Pepi, Eugens Frau, ewig als »gnädige Frau« behandelt und alles angestaunt. Dieses Schmeicheln und Kriechen hat den Kaiser sehr befriedigt. »Nette Leute! Wissen wenigstens, was Bildung ist«, sagt er einmal zum Maurus. Der hat nichts drauf gesagt. Allmählich aber sind die lieben Verwandten kleinweis dahergekommen und haben den reichen Schwager aus Amerika um Geld angegangen, gleich um viel natürlich. Das ist dem Eugen aber doch gegen den Strich gegangen. Blankweg schlug er's ab und – so geht das schon – jetzt sind allesamt spinnfeind zu ihm gewesen.

»No der aa (auch) no!« hat einer geschimpft und herabgemindert: »Muaß net gor weit her sei mit seiner Nobless' ... Der protzt woaß (weiß) Gott wia und hot gor nix ... Geh, geh zua! « Kühl, mißtrauisch und kleinlich aufsässig ist man geworden. Empörung faßte den Kaiser aus Amerika.

»Ein widerwärtiges Pack, diese Deutschen!« hat er geschimpft. »Schämen sich überhaupt nicht und wollen mich anpumpen ...«

»Ja no, wennscht ös du a so herzoagst«, hat der Maurus in bezug auf seine Großspurigkeit gemeint. Er hat spöttisch gelacht und der Eugen ist ganz blau vor Grimm geworden.

Zu guter Letzt, als halt gar nichts mehr geholfen hat, ist der reiche Bruder auf eine ganz neue Idee gekommen. Er hat auf einmal alle Verwandten und Bekannten zu großen Schmausereien und Freibier eingeladen. Jeder und jede ist gern gekommen und hat sich zu ihm hinaufgelassen. Gelobt haben sie den Eugen bei dieser Gelegenheit über den Schellenkönig, sogar »hoch«leben haben sie ihn lassen. Er ist geradezu in Wohlgefallen darüber geschwommen.

Freilich – derb und anzüglich sind die meisten geworden, wie sie einmal einen kleinen Rausch gekriegt haben. Die schönsten Zoten sind hin und hergegangen. Das hinwiederum hat die Pepi, wenngleich sie aus Starnberg ist, echt amerikanisch shockiert.

»No – no!« hat sie den Eugen gerügt. »Das sind ja ganz ordinäre Flegel! Well, für solche Schweinereien gibst du mir kein Geld mehr her! Schamlos ist so was!«

Der mächtige Eugen ist, weil sie's vor allen Leuten gesagt hat, käsweiß geworden, denn – in Amerika, weiß man doch, ist die Frau obenauf.

»Holla! Aha, bei enk hot aa (auch) *sie* d' Hosn o (an), wos, Eugen?« hat der Müller von Holzhausen zu spötteln angefangen und noch viel keckere Andeutungen über Pantoffelheldentum gemacht. Peinlich sind die zwei amerikanischen Eheleute dagesessen. Betreten haben sie dreingeschaut.

Einmal bei einer Gelegenheit ist der Eugen hinaus und hört, wie der Vetter von Deinling kreuzfidel zum Müller sagt: »No, er is ja a guater Mensch, der Eugen, aber dappi ... Mei Liaba, mi tat's Geld reu'n ... Aba mei, üns konn's ja recht sei, wenn er so dumm und protzi is ...«

Das hat ihm einen Stich gegeben. Jetzt war's aus.

»Die Deutschen sind ganz gemeine Lümmels!« sagt er zum Maurus und beklagt sich bitter.

Und etliche Tage drauf haben die Amerikaner bitter enttäuscht ihre Koffer gepackt und sind wieder abgefahren. Seither schreibt unser Kaiser Wilhelm keine solchen feldwebelmäßigen Briefe mehr herüber aus Amerika. Er ist, wie's scheint, restlos kuriert. Vielleicht hat er sogar einen geheimen Respekt vor dem jetzigen Deutschland und vor uns bekommen.

Oder aber – er erkennt's, wie wenig bei uns so eine »Größe« gilt.

Warum ausgerechnet wohnhaft in ...

## ... München?

Möchten Sie, lieber Herr, nicht auch da seßhaft sein, wo es absolut keinen Nimbus, keine Kunst- und Literaturgötter und keinen Politiker gibt, dem man sonderlich viel zutraut? Wenn ja, dann kommen Sie nach München. (Nebenbei: Ich bin in keiner Weise vom Fremdenverkehrsverein bestochen, ich sage das rein aus mir heraus.)

Unsere Stadt ist in jeder Weise finster und kleinbürgerlich. Sie ist katholisch und alles, was davon abweicht, ist bolschewistisch. (Als die Josefine Baker auftreten wollte, hieß man das so, und als der Glaspalast abbrannte, war das ein Werk »abgewiesener, bolschewistisch infizierter Künstler«.)

München ist seit langer, langer Zeit sozusagen auf den Hund gekommen, München ist sicher von allen deutschen Städten die provinzlerischste, wenngleich man von unserem wortreichen Reise- und Kunstphilosophen Hausenstein bis hinaus zu unserem ehrengeachteten Oberbürgermeister eifrigst bemüht ist, das Vergangene dieser Stadt wieder zu Glanz zu bringen. (Zukunft kennt man hierorts nicht, kaum Gegenwärtiges.) Verlassen Sie sich drauf, daß das auch nie anders wird. Da hilft keine Revolution, kein Hitler, ja nicht einmal der Rückgang der Fremdenfrequenz. Wir sind und bleiben ein stadtähnliches Dorf und können wirklich nichts anderes mehr tun, als gemütlich sterben.

Grad aber dieses gemütliche Sterben ist das Faszinierende dieser Stadt. Es macht uneitel, versöhnlich und wunderbar glaubenslos. Und weil wir alle, wir echten Münchner, durch unsere katholische Herkunft nihilistisch in einem herrlich wurschtigen Sinn angekränkelt sind, darum läßt sich's hier gut leben. Wir sind froh, daß uns irgend jemand regiert, daß jemand immer wieder versucht, uns auf diese oder jene Weise vorwärts zu bringen. »Laßt's ihn nur! Wird's was, haben wir den Nutzen! Wird's nichts, kann man drüber granteln!« Das ungefähr ist unsere Grundeinstellung.

Darum gib es bei uns auch so viele kleine Geschäftsleute und Handwerkermeister. Jeder will sein eigener Herr sein, will leicht verdienen und andere für sich arbeiten lassen.

München ist das Eldorado des echten, kleinen, versteckten, muffigen Genießers, der ohne viel Kosten alle Annehmlichkeiten dieses Lebens haben will. Bei uns herrscht der Geist des Privaten absolut.

Hier kann man bedächtig herumgehen und alles mit der behaglichsten Lust am Detail ansehen. Wo anders wäre das unmöglich. In einer richtigen Stadt ist Bewegung, ist Geschäft, ist Hast und Arbeit, und sogar die liebenswerten Dinge überstürzen sich dort. In München kann jeder seine kleinen und großen Passionen völlig auskosten. Ganz nach seiner asozialen, eigensinnigen Manier. Kann er's beispielsweise aus Not und Hunger nicht, so ist er Bolschewist.

Eins ist wirklich imponierend an uns Münchnern: Hier kannst du als der Berühmteste und Begehrteste durch die Straßen gehen, kannst in den Läden und Lokalen auftauchen, kein Mensch wird dich sonderlich beachten. Du bist einer wie alle. Du bist nackt eben nackt. Du bist gestorben nur eine Leiche und zuletzt ein Haufen Dreck. Diese unaufdringliche Respektlosigkeit ist die geistige Essenz Münchens. In Berlin – seid ehrlich! – gibt es seit dem »Abgang« des glorreichen Wilhelms zwo ungewöhnlich viele kleine Wilhelms. Und überall! In der Politik, in der Kunst, in der Literatur, in der Wissenschaft und beim Theater. Und jeder hat seinen Kreis, seine Anhängerschar wie früher der Kaiser seinen Hofstaat. Und wird doch soviel Wesens dahergemacht dort von wegen Kollektivismus!

So was fehlt in München und hat immer gefehlt. Und darum liebe ich diese seltsame Stadt. Vielleicht habe ich selber sehr viel von ihr.

Und sonst?
Die Bauten, die Museen und sonstigen Schönheiten bei uns?
Gehn S' doch, Herr! Sowas ist doch für die Fremden, doch nicht für uns! Wie hat doch Karl Arnold im »Simplizissimus« gesagt, als das »Deutsche Museum« in aller Munde kam?
Da hocken echte Münchner vor dem Maßkrug und dem weinenden Radi in einem Biergarten und einer brummt aus dem tiefsten, grantigsten Nachdenken heraus: »Dös mit dem Deutschn Museum, dös wird si(ch) aa (auch) net lang hoitn (halten) ... Wer red't denn heunt (heute) no(ch) von der Pinakothek ...«
Ein Ausspruch, der das Münchnerische vollauf erklärt.

## Aber halt unser Fasching!

Nichts zu sagen gegen Berlin – aber die ihr Fasching? O je, o je! Ich hab dort so Festivitäten mitgemacht, wo mir heut noch graust. Einmal bin ich sogar von der Sipo mitten im Saal abgesperrt worden. Und warum? Bloß weil ich mich münchnerisch benommen habe.

So fängt jeder Berliner Künstler- und Prominentenball an: Zuerst einmal eine wilde, alles überplärrende Vorpropaganda in der Presse. Man meint schier, es existiert überhaupt nichts mehr auf der Welt als bloß dieser kommende Ball. Alsdann, bei der Veranstaltung selber, großer Aufmarsch der Toiletten und Persönlichkeiten. Alles wieder wie bei S. M. selig. Allgemeine Beschnüffelung.

»Ham Sie jesehn, die Berjner is och da! Nee, und wat ich nich seh', Heinrich Mann ooch! ... Da, da der Zuckmayer ... Na, allerhand sowat! Knorcke!« Das Lila, das Rot oder Weiß der Dietrich wird eifrigst disputiert. Das schönste provinzlerische Geklatsch herrscht überall – und selbstverständlich kann man's auch da nicht lassen, von Geschäften zu reden. Zum Kotzen!

Na und so weiter.

Endlich gleimt man beim Trinken etwas auf, tanzt steif und lacht gewaltsam, macht abgestandene Witze und wirft Luftschlangen. Alles ist selbstredend auf Kostbarkeit aus. Schließlich aber (ich hab' mal bloß auf so einem Fest, wie's üblich ist, per »Du« angeredet und wüste Sachen erlebt) –, schließlich also besauft man sich, bricht aus der unerträglichen Langeweile und wird zu guter Letzt hundsordinär.

Das Humorloseste, was es gibt.

Schrecklich!

Und wiederum sieht man eine Woche lang Fotos und Schwärme von saudummen Artikeln in allen Zeitungen über das »repräsentative Fest«.

Nichts zu sagen gegen die norddeutsche Metropole, aber – »die Leute haben Sorgen!«

Und München?

Geh ja nicht auf die großen Bälle. Dort siehst du nicht viel anderes als in Berlin, bloß provinzlerischer. Da zeigt man sich auch schon, ein wenig humorvoller zwar, aber auch auf Glanz.

Wer den Münchner Fasching kennen lernen will, der muß zu den »Juryfreien« in die Prinzregentenstraße gehen und auf die zwei »Großbälle« in der »Blüte«. Dort herrscht noch jene echte, unabsichtliche, respektlose Narretei, die das Münchnerische ewig macht. Da triffst du Atelierfeststimmung in Reinkultur. Jeder steht selbstredend auf »Du«, niemand wird respektiert, niemand glotzt dich an und jeder »frotzelt« dich auf die scharmanteste Weise. Dort treffen sich sozusagen alle aufsässigen Elemente Münchens, die wenig Geld haben, bedeutenden Humor und schlagenden Witz. Da wird jeder Würdenträger plattgetanzt, jede noch so achtbare Institution durch die Scheiße gezogen und – niemand nimmt's übel, jeder lacht. Du wirst keine Kostbarkeit treffen, keinen Komfort, keine Tombola usw. – in einer tollen Hafenkneipe bist du und wirst einfach von der ganzen Wildheit mitgerissen oder – ausgeschifft.

Und warum sind diese Feste dieser »Juryfreien« einzig? Weil man dort Kamerad ist, Genosse im Kampf gegen jedes Muckertum, gegen alle Engstirnigkeit und Reaktion. Man ist wirklich ein gewachsenes Kollektivum.

Denn alles, was da zusammenhilft, bestreitet vom Ertrag dieser Feste die Kosten ihrer Ausstellungen und »kulturbolschewistischen« Unternehmungen.

Na also!

Daß ich gleich dabei bleibe. Ich hab' auch bei uns schon allerhand mitgemacht mit diesem Fasching. Hier, bittschön:

# Psyche

Weil sich fast alle Leute über mein rüpelhaftes Benehmen auf den Faschingsfesten beschwert haben und weil es allgemein geheißen hat, ich täte überhaupt nicht wissen, was sich gehört, darum habe ich mich mit einem Akademiker, einem Doctor phil., angefreundet, welcher mich seither mit viel Geschick darin unterwiesen hat, was ich auf solchen Festen tun und lassen muß, um keinen Anstoß zu erregen. Erstens habe ich bei ihm ziemlich gut den hochdeutschen Dialekt gelernt, zweitens habe ich mir auf sein Anraten einen Smokinganzug gekauft und mache seitdem überall einen heiteren Eindruck; drittens endlich versteht es mein gebildeter Freund aus Norddeutschland ausgezeichnet, mich durch Winke und Mienen darauf aufmerksam zu machen, was sich bei gegebener Gelegenheit alles schickt oder nicht.

Neulich aber bin ich mit meinem Mentor doch hineingesaust. Nämlich auf einer Galaredoute im Löwenbräukeller haben wir zwei stramme Mädchen kennengelernt und diese hinwiederum waren sehr eingenommen von uns und haben einen großen Respekt gehabt, weil wir uns so gebildet gegeben haben. Mir ist das ja nicht recht gewesen, weil wir ewig Bier, Schokolade, Luftschlangen und Weißwürste bezahlen haben müssen, aber die Mädchen sind absolut nicht zugänglich geworden und auf unsere diesbezüglichen Liebesversuche haben sie nicht reagiert. Mein Freund, der Doktor, aber hat in einem fort ein überlegenes Gesicht gemacht und mir vielsagend mit den Augen zugeblinzelt. Schließlich haben wir die zwei Mädchen im Auto heimgebracht und sie auf den anderen Tag zu meinem Freund zum Tee bestellt.

»So 'ne Mächens sind schüchtern, Oskar … Zart anfassen führt zum Ziel«, sagt mein Freund auf dem Heimweg, den wir natürlicherweise zu Fuß gemacht haben, weil wir schier kein Geld nicht mehr gehabt haben.

»Guat«, habe ich gemeint, »nachher schaugn mir hoit (halt) morgn … Es wird si scho rentieren nachher …«

Am andern Tag sind die zwei Mädchen auch wirklich um fünf Uhr nachmittags dahergekommen. Die Wohnung von meinem Freund hat ihnen sehr imponiert. Ganz fein haben sie getan und miserablig steif. Mein Freund hat auch gleich recht gewählt zu disputieren angefangen. Lauter so preußisches Zeug hat er dahergebracht. Über die langen Abendkleider jetzt, über die Bal parés im Deutschen Theater und weiß Gott was, auch über den Goethe hat er geschwatzt wie ein Wasserfall.

Die Mädchen haben nur ganz selten dazwischen gefragt, meistens haben sie uns nur angeglotzt oder gelächelt. Wird ihnen, denk' ich, halt auch so gegangen sein wie mir. Werden sicher das meiste nicht verstanden haben.

Schließlich, wie wir mit dem Tee fertig gewesen sind, hat mein Freund noblerweise den Damen Zigaretten angeboten und die haben alle zwei abgelehnt.

»So, Sie rauchen beide nicht?« sagt mein Freund kulant und setzt philosophisch dazu: »Wenn ich ehrlich sein soll, meiner Meinung nach paßt Rauchen auch nicht zur weiblichen Psyche.« Ich habe saudumm dreingeschaut und sofort bemerkt, daß die Mädchen mit einemmal ziemlich verlegene Mienen bekamen. Zwei oder drei Sekunden hat die Unterhaltung gestockt. Auf einmal sehe ich, daß die zwei Damen rot werden und ich weiß nicht wegen was.

Sag' ich, weil mir dieses Stummsein peinlich vorgekommen ist, sag' ich: »Frailen?« »Frailen?« sag' ich: »Ihnere Psyche muß aber schon mehrer mit der Zeit gehen.« Ich habe dabei recht nett gelächelt und mich insgeheim über meinen gelungenen Ausspruch gefreut. Hingegen da ist auf einmal das eine Mädchen, das mollerte, wo mit meinem

41

Freund im Löwenbräukeller immer getanzt hat, ganz ärgerlich aufgestanden und hat gesagt: »Sie!«

»Sie!« sagt sie: »Mir haben fein keine Psyche, daß Sie 's wissen ... Solcherne Ausdrücke möchtn mir üns schon verbittn, gelln S'!« Und gleich ist auch ihre Freundin aufsässig geworden und hat sich über uns beschwert. Sie wissen schon, was mir meinen, sagt sie, und mir sollten nur nicht so unschuldig tun.

»Per Psyche können S' mit so Flitscherln redn, aber net mit üns, daß Sie 's wissen!« schimpft die erste und da – weil mein Freund wie auf den Kopf geschlagen dreingeschaut hat – habe ich das Wort ergriffen und sag': »Entschuldign S', Frailen! ... Psyche, das ist doch die Seele ... Entschuldign S' –«

Aber ich bin gar nicht mehr weitergekommen.

»Ha! Tjaja, üns machen S' nichts vor mit eahnerner Seele ... Gehen S' zua, Sie! Mir kennen uns schon aus, wos S' gmoant (gemeint) hobn!« schreit da die mollerte Tänzerin von meinem Freund und winkt ihrer Freundin: »Geh weita, Wally, da wird's gmischt ...«

Beleidigt sind sie auf die Tür zu.

»Ja, aaber Fräulein! Fräuleinchen? ... Aaber ich bitte Sie – es stimmt! Es stimmt wirklich – See-e-ele – –«, hat mein Freund noch eingreifen wollen, doch die zwei Besucherinnen sind nicht mehr zu erweichen gewesen. Die Mollerte hat sich noch einmal kurz umgedreht und höhnisch und ganz und gar verächtlich gesagt: »Ha, pffw! ... Seele? ... Seele sogt er für sowas! ... Nana, mei liaba Herr, mir san net aufs Hirn gfoin (gefallen) ... Adjee!«

Weg waren sie.

Seit dieser Zeit mag ich meinen akademischen Mentor nicht mehr. Mit dem richtigen einheimischen Dialekt bin ich immer noch weitergekommen.

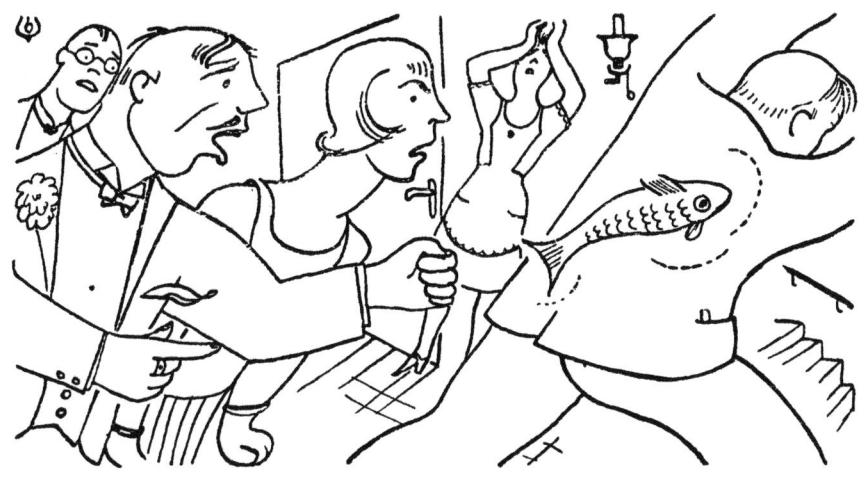

## Wie ich in den Ruf eines Lebemanns gekommen bin

Mit diesem berühmten Münchner Fasching, das ist auch das Rechte nicht mehr. Sowas, meine ich, muß einmal in aller Öffentlichkeit gesagt werden! Ich schimpfe schon deswegen, weil mir neulich bei einem jener begehrten, privaten Künstlerateliersfeste was passiert ist, was meinen ganzen guten und in vielen Jahren so mühselig errungenen bürgerlichen Ruf sehr geschadet hat. Es heißt nämlich seitdem, ich sei ein ganz und gar gefährlicher Lebemann, ein Mensch, der wo bei solchen Festen bloß auf das ausgeht, was man einfach nicht sagt und noch weniger tun soll. Damit aber das Publikum keine Angst nicht kriegt, verrate ich gleich im vorhinein, daß in dem Bericht, den wo ich hiermit wahrheitsgetreu folgen lasse, absolut nichts sittlich Anstößiges vorkommt.

Seitdem ich mich als anerkannter Spezialitätenschriftsteller installiert habe, werde ich öfter von seriösen Salons und anderen kunstinteressierten Privaten eingeladen. Wenn ich mir auch ein Kostüm als türkischer Honigverkäufer herrichten hab' lassen, die Leute verlangen immer, ich soll im Smoking kommen, das sei viel faschingsmäßiger für mich. Ich meine, man muß dem Publikum immer Rechnung tragen als Geschäftsmann, wenn sich's da auch nur um einen kleinen Kreis handelt.

Gut also, ich komme da neulich zu einem etwas umfänglichen Atelierfest bei Herrn Kunstmaler Mengelsberger und da war es soweit sehr schön. Eine extra Jazzbandkapelle hat gespielt, ganz und gar aufregende Damen von zwanzig bis zu fünfzig Jahren waren da, jede hat was anderes angehabt und ihre verlockendsten Körperteile gezeigt; wunderbar aufkostümierte Männer haben schneidig getanzt mit ihnen, ein gemütlicher Spektakel war überall, wo ich hingeschaut habe und ganz gratis hat man Wein, Bowle, Bier, Wurstbrote, italienischen Salat und später Weißwürste gekriegt.

Sag' ich zu Herrn Mengelsberger: »Also, das is ja eine sehr erfreiliche Sache bei Ihnen ... Sowas Entziiikendes, Herr Mengelsberger!« Ich habe das Hochdeutsch, wie man sieht, ganz passabel zusammengebracht und wahrscheinlich, weil ich so nobel aufgetreten bin, darum hat mich der Gastgeber gleich zum Weintisch hingezogen und mir in einem fort zu trinken gegeben. Natürlicherweise ist dadurch meine Fidelität mehr und mehr gestiegen. Ich denke: »Oskare, da bleibst du! Sowas laßt sich gut an.« Und trinke höflich weiter. Ich habe auch immer hübsch zugegriffen bei den danebenstehenden Brötchen, weil der Herr Mengelsberger immer gefragt hat, ob ich Hunger habe und ich soll nur ungeniert zugreifen. Die Brötchen waren ja sowieso fast gar nichts, unhöflich – das habe ich im Lauf der Zeit gelernt – darf man da nicht sein, wenn einem ewig angeboten wird.

»Und sowas Schönes an Damen, wo Sie beinander haben, Herr Mengelsberger!« habe ich meinen freundlichen Gastgeber belobigt: »Also wirklich schon das Allerallerfeinste!«

»Tja, und alles noch zu verjeben, Herr Graf!« sagt darauf der Herr Kunstmaler feuchtfröhlich, wie man das so nennt. Er hat ein paar Bewegungen gemacht, hat gelächelt und noch kecker gemeint: »Na, wie ist's mit Ihnen, Herr Graf ... Jreift nur hinein ins volle Menschenleben, sagt schon Joethe!« Ich habe insgeheim schon immer auf die verlockenden Körperteile der verschiedenen Damen gelüstig geschaut, aber ich bin mannhaft geblieben, weil mir eben frühere Bekannte und Gönner geraten haben, ich muß zurückhaltender sein. Ein kleines Lächeln und ein dezentes Scherzchen, das sei immer am Platze, aber mehr nicht. Also habe ich gelächelt und die Vorbeitanzenden fort und fort mit den Worten: »Also sowas Schönes! Sowas Prachtvolles!« belobigt. Eine Dame hat mich einmal auf den Kopf geklopft und gesagt: »Na! Na! Dicker, wann tanzn wia denn?«

Gleich habe ich mich zusammengerissen wie ein Korpsstudent und geantwortet: »Jederzeit, gern! Aber ich bin leidenschaftlicher Nichttänzer!« Über eine solche schlagfertige Antwort habe ich mich sehr gefreut und das muß, scheint's, auch bei meiner Umgebung gewirkt haben, denn alle haben freundlich gelacht.

Es ist überhaupt mit der Zeit um mich herum immer lauter und lustiger geworden, aber – ich weiß nicht, was das war – mir ist langsam alles verschwommen vor den Augen und auch gehörig rülpsen habe ich schon müssen. Neben den belegten Broten ist eine offene Büchse mit Bismarckheringen gestanden. Ich habe schnell in sie hineingelangt und pack' so ein rutschiges Ding insgeheim, schiebe es ins Maul und will es verschlucken. Dummerweise bin ich dabei entdeckt worden, denn eine Dame hat empört geflötet: »O-aach, so ein Schwein! U-ooach!« Und da ist mir vor lauter Schreck das Niesen angekommen. Gleich gerissen hat es mich und der ganze zerkaute Hering spritzt wieder aus meinem Maul. Das war schrecklich peinlich. Die Leute haben gequietscht, gejammert und geschimpft und sind entsetzt vor mir ausgewichen, mir ist noch schwummeliger geworden und ich bin schließlich vor lauter Genieren aus dem lärmvollen Atelier hinausgesaust.

Draußen auf dem Gang habe ich gespürt, daß ich nicht mehr ganz sicher auf den Knien gewesen bin und frag' einen Herrn: »Bittschön, Verzeihung, wo geht man denn da wohin?« Er hat auf eine dunkle Tür gedeutet, ich bin hastig drauf los, hab' sie aufgerissen, wieder zugeschlagen, aber wie ich weiter will, stoße ich auf eine Masse Stühle und – sst! bum! – falle ich gestreckterlängs hin. Weiß der Teufel, mir ist hundsmiserabel im Magen gewesen und im Kopf genau so. Also denk' ich: »Ah was, da bleibst einfach liegen, Oskare! Da schlafst dich ein bißl aus!« Ich muß auch noch mehreres gedacht haben, aber da kann ich mich nicht mehr erinnern.

Plötzlich aber bin ich aufgewacht, tu' einen Brüller und schnelle in die Höhe, aaaaaber, was denken Sie, was da passiert?

»Um Gottes willen, ist da wer?« hat eine weibliche Stimme hinter mir geschrien, und wie ich wieder halbwegs steh und die Aborttüre aufmachen will, da fällt das betreffende ungesehene Weiberts mich an wie eine reißender Tiger, schreit, reißt ewig meine Hände von der Türklinke weg und jammert und winselt zum Gotterbarmen:

»Um Gottes willen, nicht, Herr! Nicht! Nein-nein, nicht aufmachen, nicht!! Die Leut' draußen! Mein Gott, was meinen denn die Leut' ... Nicht-nicht!«

Draußen haben auch schon etliche geklopft.

Ich bin zu mir gekommen und frag' das fremde Weiberts: »Ja, aber – e-es is doch weiter gar nichts, meine Dame ... Wir müssen doch 'naus!« Vergebens, bloß ärger wird's.

»Ni-i-icht! Nein, nicht aufmachen!« geht's in einer Tour weiter von ihr aus. Vor der Tür sind die Leute immer unruhiger geworden.

»Ja«, lisple ich: »Ja, meine Dame, aba dös geht doch net ... Anderne möchtn doch auch 'rein ... Und 'naus müassn mir ...«

»Ja, aber jetzt, jetzt nicht! Ni-icht, um Gottes willen«, flüstert sie und stemmt sich dagegen, kratzt mich und gibt nicht nach. Jetzt wird's aber draußen direkt rebellisch.

»Aufmachen da! 'raus da!« schreien Männer und poltern wie wild. Ich nehm' mir plötzlich ein Herz, zwäng' meine Dame weg und reiß, trotzdem ein plärrendes Geschrei wird, die Türe auf. Neben mir jagt meine Dame wie der Blitz vorbei und ist weg. Die Leute stehen empört da und schimpfen grausig.

»E-entschuldigen S', entschuldigen S', die Herrschaften!« stottere ich.

»So ein Schwein! Also das ist denn doch schon die Höhe! Mit dem Dienstmädchen ist er im Abort!« schimpft es auf mich ein. »Unerhört! So ein Flegel!«

Ich fuchtle mit den Armen, ich will reden und komme nicht zum Wort. Jede und jeder gibt seinen Abscheu kund – kurzum es ist eine vernichtende Peinlichkeit gewesen.

»Entschuldigen S', meine Herrschaften!« schrei' ich mit dem größten Kraftaufwand, aber da steht auf einmal der Gastgeber, Herr Kunstmaler Mengelsberger, vor mir und ist wutblaß im Gesicht.

»Herr Graf! Gehn Sie, bitte! Für sowat müssn Sie sich andere Lokale aussuchen! Bitte!« rügt er mich gebieterisch und weist mich aus dem Atelierhaus. Alle haben mich sehr schlimm gemustert und ich bin zerdrückt abgezogen wie ein Verbrecher. Wie ich an der Tür gewesen bin, da ist mir aber doch noch einmal die Wut aufgestiegen.

»Ich bin schuldlos, meine Herrschaften! Schuldlos, Bande, windige!« habe ich zurückgeschrien und bin auf und davon.

## Etwas wie ein »Antlitz«

Gute, geliebte Ausländer! (Nichts für ungut, sofern ihr nämlich nicht aus Bayern seid, seid ihr's für uns!) Ihr fragt mich nach dem heutigen Antlitz Münchens? Schon sozusagen am Wortlaut eurer Fragestellung zeigt sich, daß meine vorangesetzte Behauptung und deren rasche Definition richtig sind.

Antlitz – dieses Wort gehört in alte ehrwürdige Balladen und Tragödientexte – Antlitz hat München überhaupt keins. Es hat nur ein Gesicht. (Schrecklich das mit diesem fremdartigen »Antlitz«! Man stelle sich einen echten, saftigen Roman, ein Theaterstück, eine Schnurre oder eine Geschichte von Thoma, von der Lena Christ, von Queri oder Ruederer vor, in welchem es heißt: »Er stand da und sie wandte ihm ihr Antlitz zu und sagte: »Lakl, damischa, worum muaßt d' denn a so sauffa!« Unmöglich. Sowas tut unsereinem direkt weh wie das Kratzen einer Messerschneide auf dem blanken Teller.)

Münchens Gesicht schaust du an und vergißt es sonderbarerweise nie wieder. Du bist es einfach von Anfang an gewohnt. Du kannst dir hier nichts anderes denken. Es gehört wirklich alles zusammen: Der Dienstmann und die Frauentürme, der Nockherberg mit seinem alljährlichen Salvator und die Trambahn, die unvergleichliche

Ludwigstraße mit ihrem allsonntäglichen Paradekonzert auf dem Odeonsplatz und die Au, wo vier und fünf eng aneinanderstehende Häusl je einen Brunnen und einen Abort haben, das Rathaus, das aussieht wie ein Zuckerguß, und Loibls Künstlerkneipe »Brennessel«, das Hofbräuhaus, welches die Fremden als Inbegriff alles Münchnerischen ansehen, der »Bögner« im Tal, wo sich jedesmal die ehrwürdigen Landtagsabgeordneten treffen und der Landtag selber, unser Karl Valentin mit der Liesl Karlstadt und die »Münchner Neuesten Nachrichten«, welche wegen ihrer Inserate den Ton angeben und so viele Meinungen haben wie Winde auf dem Dach, unser schöner Hofgarten und das Café Luitpold, die Propyläen und meine Milchfrau, unsere herrliche Polizei mit ihrer eigenen Zensurausübung, der unangekränkelte Fasching und die großen Dichter, welche in Bogenhausen wohnen, das Siegestor und das Oktoberfest.

Damit soll aber keineswegs gesagt sein, daß das Gesicht Münchens etwa ein ewig junges und lachendes sei. Das stimmt absolut nicht. Jung ist es eigentlich nie gewesen, mehr so – wenn das Wort erlaubt ist – mitteljährig. Es gibt Menschen, die in ihrem Aussehen und ihrer Lebensauffassung gewissermaßen immer das gleiche Alter behalten und es gibt auch solche Städte. München ist etwas wie ein guter Vierziger. Unpathetisch, gemütlich, ebenso unfreiwillig humorig als grantig. Neuerungen mag man nicht bei uns.

In den meisten deutschen Städten gibt es schon lange die bewegliche und unbewegliche Lichtreklame. In München taucht sie jetzt ganz spärlich auf, und zwar nur die unbewegliche.

Warum?

Weil sie einfach nicht hierherpaßt, weil sie irgendwie etwas zerstört. Es kann dir keiner einen Grund angeben, wieso das so ist, aber es stimmt.

In einer anderen bayrischen Mittelstadt zum Beispiel wollte ein großes Kaufhaus eine bewegliche Lichtreklame ganz oben auf dem Dach einführen und versetzte mit seiner diesbezüglichen Eingabe die lieben Stadtväter in eine höchst peinliche Lage. Nach vielem, vielem Ratschlagen kam folgender Entschluß vom wohllöblichen Magistrat zurück: »Es wird eine unbewegliche Lichtreklame auf dem Dache genehmigt, von einer beweglichen muß Abstand genommen werden, weil die Pferde auf der Straße scheuen und Verkehrshindernisse damit verbunden sein könnten.«

Solchen Entschlüssen steht freilich ein Nichteinheimischer machtlos gegenüber. Begründungen dieser Art aber kannst du in München genauso erleben. Die Pferde sind's nicht, aber es muß doch was Vorspann machen.

Der Münchner hat keinen Witz. Er hat nur Humor und eine eigene Logik. Der Witz und die übliche Logik kommen vom Hirn und flattern aus der Luft herab. Der Humor aber hängt zutiefst mit dem Boden, mit der Nuance und dem Akzent zusammen. Er ist sogar – keiner begriff das mehr als Valentin – noch in der Griesgrämigkeit daheim. Und – ein Volk mit Humor hat keinen Charakter. Es kann gar keinen haben. Deswegen konnte sich beispielsweise unser weltberühmter »Simplizissimus« alle Gesinnungswandlungen erlauben. Ihm kam's eigentlich ewig auf die Fidelität an und unerwarteterweise kam dabei auch wirkliche Satire heraus. Eben das ist's ja: Der Humor hört auf, wo er ernst genommen wird. Und wer wird heute unser Witzblatt noch ernst nehmen?

Wenn einer was vom Wesen und Gestus Münchens spüren will, so muß er in die Biergärten gehen oder Trambahn fahren. Das ist mein voller Ernst. Es kann einer alle Sehenswürdigkeiten bei uns durchschnüffelt haben, er weiß nichts von München. Er hat nichts gesehen, er kennt nichts.

»Sowas Schönes! Da möcht' ich leben!« sagt er. Ja – und dann schaut er unwillkürlich umeinander. Er sieht die Menschen, die hierorts bevölkern. Und das ist München.

Stelle dir vor, du wärst Einstein oder Gerhart Hauptmann und würdest in so einem Biergarten sitzen. Wo anders würde man dich vielleicht sofort anstarren und bestaunen. Bei uns nimmt dich dein Tischnachbar gemächlich ins Blickfeld und – eins, zwei, drei – kommt das netteste Gespräch zustande.

»Soso, da Herr Einstein san Sie? Soso … Einstein schreiben Sie si«, klänge es dir unnachahmlich ins Ohr: »Kemman S' (kommen Sie) vo Berlin oba … Soso…«

Oder: »Soso Hauptmann schreiben Sie si? Hauptmann …? … I hob beim Militär an Hauptmann ghabt, der is dö ganze Zeit bsuffa gwen, aba sunst is er it unrecht gwesn …«

Der Mann würde dich abermals betrachten. Du würdest vielleicht versuchen, ihn über deine Tätigkeit, deine Dichtungen usw. aufzuklären. Jedes deiner Worte würde als vertrautes, unverblüfftes Echo aus dem Munde des Münchners kommen. Ab und zu würde dein Tischnachbar ein Blatt von seinem gutweinenden Bierradi verzehren oder dir ganz von unten herauf ins Gesicht rülpsen: »Ah, dös tuat guat, Herr Nachbar! Schmecka S' dös Aroma, Herr Hauptmann? ... Der is eins a, der Radi.«

»Schlesien«, würde dich der Mann weiter unterhalten: »Bis vo Schlesien kemma (kommen) S' auffa (herauf)? ... Soso ... Hot ma(n) jetz do aa solcherne Radi? ... Soso ... Rettich, sogt ma bei enk? ... Rettich ... Jetz bei üns hoaßt ma's Radi, Herr Nachbar ... Radi, verstehna S' ...«

Ich streue dir, lieber, begehrter Ausländer, einige Bilder und Szenen hin, damit du einen Dunst vom ewig Münchnerischen bekommst.

*

Mein Freund Alois Pointner ist seit ewiger Zeit eingeschriebenes und sehr aktives Mitglied der Sozialdemokratischen Partei. Von jeher war er gegen jegliche Zersplitterung seiner Partei. Ihm hat es bis in die letzte Herzfalte hinein wehgetan, daß die Unabhängige Sozialdemokratie kurz vor der Revolution die Massen immer mehr und immer mehr an sich riß. Anno 1918, anfangs November, hat es einmal eine erregte Versammlung der S.P.D. gegeben.

»Ein Zusammengehen mit den Unabhängigen ist unter diesen Umständen ganz ausgeschlossen!« schrie der Redner vorne und polterte weiter: »Wir Sozialdemokraten waren immer für Evolution und nicht für Revolution!« Die Genossenmassen wurden unruhig. Laut gingen Meinungen hin und her. Alle Augenblicke wurde der Redner niedergeschrien und kam allmählich in die bedrängteste Lage.

»Als klassenbewußte Proletarier müssen wir ganz einfach die Revolution mitmachen, ganz gleich, wer sie macht!« schrie ein Zwischenrufer und alle schlugen sich auf seine Seite. Alois Pointner, die Gefahr erkennend, erhob sich auf einmal und schrie mit der ganzen Macht seiner fetten Stimme: »Noja! Mach ma halt eine Revolution, daß a Ruah is!«

*

Ein hiesiges Sonntagsblatt brachte zur Faschingszeit einen geharnischten Artikel über die Sittenlosigkeit der heutigen Generation. Sowas ist in München immer beliebt.

»Selbst vor geheiligten Stätten machen diese schamlosen Pärchen nicht halt«, geiferte der Artikelschreiber und forderte die Polizei energisch auf, verschiedene unbeachtete Anlagen nach Schluß der Festivitäten genauer zu visitieren. Im Maximilianeum sei ein geheimer Gang, im Vorplatz des Portals der Ludwigskirche und sogar im Gelaß unseres gewaltigen Kriegerdenkmals vor dem Armeemuseum könne ein scharfer Beobachter nach Beendigung der Faschingsfeste halbwüchsige Pärchen entdecken, die »ganz ungeniert ihrer frivolen, abstoßenden Liebeslust« frönten.

Diese Posaunenstöße wirkten gewaltmäßig auf die Münchner. Kleine und große Sittlichkeitsvereine machten dementsprechende Eingaben. Die heilige Hermandad griff ein. Sie veranstaltete strenge Razzien an den angegebenen Stellen.

Und was fand sie?

Ungefähr ein Dutzend Arbeitslose ohne Obdach, die froh waren, in Haft genommen zu werden.

Und was war die Folge? Schweigen, tiefstes Schweigen überall.

*

Auf der vorderen Plattform der Linie 2 treffe ich einen Bekannten. Außer uns ist nur noch der Straßenbahnführer da. Wir unterhalten uns lebhaft über das schöne Badewetter und über die herrlichen Badegelegenheiten um München herum. Ich empfehle die Amper, mein Bekannter zieht den Starnberger See vor.

»Sag' mir einer, was er mag, Seewasser bleibt Seewasser!« meint mein Bekannter. »Ah!« widerspreche ich: »Baden Sie einmal in der Amper! Ich sag' Ihnen, so ein wunderbar weiches Wasser gibt's überhaupt nirgends ... Ich bin vom Starnberger See, aber das Amperwasser! ... Ausgeschlossen, da kann kein Seewasser hin ...«

Der Straßenbahnführer dreht sich plötzlich halb um und sagt fast andächtig: »Aba dös Kraillinger Bier, meine Herrn! Dös Kraillinger Bier! Do schenk i Eahna (Ihnen) jed's Wassa dafür ...«

*

Der berühmte Glaspalast, unser einziges Kunstausstellungsgebäude, brennt nieder. Über Nacht. Am Morgen säumen riesige Menschenmengen den abgesperrten Brandplatz. Ich bin mitten unter den Leuten.

»Hmhm, dö ganze Kunst ist beim Teifi!« jammert ein beleibter Geschäftsmann mit Genickfalten: »Alles hin ... Hmhm ... Und grad jetzt! Mittn in der Saison! Hmhm, der Schodn (Schaden) ... Der Schodn!«

»Jaja, der Somma is glei rum«, zollt ihm einer Beifall.

»Hmhm!« kann sich der Geschäftsmann nicht beruhigen: »Hmhm, scheißli, scheißli! ... Und in dera Saison hobn ma (wir) gor nix! Koa Oberammergau, koa Ausstellung! ... Herrgott, da därfn (dürfen) s' aba dazuatoa, dö Künstler, daß s' wieder wos herbringa ... A bißl wos möchtn dö Fremdn doch für eahna Geld ...«

Eine kurze Ratlosigkeit.

»Noja«, sagt endlich sein Partner: »Nachher muaß ma hoit (halt) dö Fremdn derweil dö Brandstättn zoagn (zeigen) ... In gewisser Hinsicht is ja der obrennte (abgebrannte) Glaspalast auch eine Sehenswürdigkeit ...«

*

Zur Zeit der Ära Kahr fragt ein etwas politisch Interessierter seinen Bekannten: »Ist jetz eigentli der Kahr a Bayer?«

»Jaja, a Bayer is er schon, aba a Frank' (Franke) ...«, bekommt er zur Antwort.

*

Vor dem Briefmarkenschalter eines Münchner Postamtes stehen Leute. Zuerst sind es sechs, dann acht, endlich zehn und schließlich wächst die Schlange immer mehr an. Der Beamte – es ist kurz vor Torschluß – zählt seelenruhig hinter dem Schalter sein Tagesgeld. Zählt, sortiert, zählt.

Die Leute werden unruhig. Kopfschütteln, Hälserecken und halblautes Brummen. Unbeirrt zählt der Beamte sein Geld. Dem Vordermann der Wartenden wird es zu dumm.

»Ja, hör'n Sie mal! Können Sie denn nicht später zählen!?« Worauf der Beamte nur seinen Kopf hebt und seinen Gegner mißt.

»Sie zähl'n mir mei Geld net!« sagt er. Der Angesprochene ist etwas konsterniert.

»Dafür bin ich auch nicht da!« gibt er zurück.

»Aba ich!« drauf der weiterzählende Beamte. Kleine brütende Pause.

»Sie möcht'n auch zur recht'n Zeit aus m' Geschäft!« brummt

endlich der Beamte wiederum den Vordermann an. Er ist ganz und gar vermufft und kritisch.

Die Schlange vor dem Schalter wächst und wächst. Grollendes Murren stachelt den Vordersten an.

»Ja, zum Donnerwetter, wir haben doch unsere Zeit nicht gestohlen!« keift der außer Rand und Band.

»I aa (auch) net!« kommt die unerschütterte Beamtenantwort aus dem Schalter.

»Unverschämtheit so was! Unerhört!« brüllt und fuchtelt, unterstützt von den Nachdrängenden, der rebellische Vordermann: »In jedem Kramladen wird der Kunde bedient, wie sich's gehört, bloß auf der Post kann man stundenlang anstehen, bis es dem Herrn Beamten – –«

»Sehr richtig! Jawohl! Unverschämtheit! Überall wird auf die Kundschaft Rücksicht genommen!« brodelt das Beifallsecho von hinten. Da endlich scheint der Beamte seine Ruhe zu verlieren. Mit einem Ruck wirft er sich in den Schalterrahmen: »Hier sind Sie auch keine Kundschaft! ... Hier san Sie bloß Publikum!«

*

Und eine echte Münchner Rache sieht so aus: Ich sitze in der Straßenbahn neben einem offensichtlichen Preußen. Ein Arbeiter steigt ein und tritt ungeschickterweise dem Preußen auf die Füße.

»Oha, entschuidig'ns!« sagt der Arbeiter beinah erschreckt und setzt sich schnell rechter Hand neben dem Preußen nieder. Der aber fängt scheppernd zu schimpfen an, schimpft und keift, daß es eine wahre Schand' ist. Direkt aufsässig wird er. Alle ärgern sich über dieses Plärren, ich, die anderen Fahrgäste, sogar der Schaffner. Nur einer bleibt stockstumm und ruhig: der Arbeiter.

Grade diese Unbeweglichkeit aber treibt den Preußen immer mehr hinauf. Er wird kühn und immer kühner. Schier schon spannend ist's. Wir alle warten, ob der Arbeiter – nebenbei gesagt, ein Mordstrumm Mannsbild – nicht plötzlich ausholt und dem Polterer eine langt. Aber nein, nein! Absolut nicht. Der Beschimpfte bleibt bei seinem Pazifismus. Endlich am Marienplatz steigt der Preuße aus. Noch während des Hinausgehens keift er. Jeder Mensch im Wagen ist bereits grantig. Wie die Trambahn ohne den Preußen endlich anfährt – allgemeines, verwundertes Mustern des Arbeiters. Schließlich fragt der Schaffner leger: »No, also dös is doch scho die höhere Frechheit! ... Warum hobn S' eahm (ihm) denn gor so stad (still) zuagschaugt, Herr Nachbar!? ... I hätt' eahm direkt oane gstiert (eine hineingehauen) ...«

Indessen der mordsmäßige einheimische Arbeiter hebt bloß sein unergründliches Gesicht und sagt, indem er einen neuen Zug seiner Zigarre nimmt: »I hob eahm ja mit meina Zigarrn a Loch in sein Mantl brennt ... Dös glangt aa ...«

\*

Ein Herrenfahrer nimmt bei Regenwetter die Kurve zu frech. Der Wagen kommt ins Schleudern und saust mit aller Gewalt an den Laternenpfahl. Der Herr wird mit Wucht aufs Pflaster geworfen und bleibt blutüberströmt liegen. Sofort gibt es eine Ansammlung.

»Jaja, der is scho hi' ...«, sagt ein Zuschauer.

»Der scho«, ein anderer. Keiner rührte sich, um zu helfen.

»Der is weg ... Der is 's letztmal gfahrn«, ein Dritter. Interessiert betrachtet man den regungslos Daliegenden.

»Hmhm, so was! Hmhm ... So schnell geht's oft!« murmelt ein altes Weib. Da rührt sich der scheinbar Tote auf einmal, hebt den Kopf, stützt ihn und glotzt die Leute an. Sofort lichtet sich der Knäuel.

»Tja, jetz sowas! Ha-hm, der *lebt* ja noch!« sagt einer enttäuscht.

»Der *lebt*!« echot es und die Leute zerstreuen sich. Aus ist's mit der Sensation. Zuletzt sieht der Verletzte nur noch den Schutzmann vor sich, welcher notiert.

## Bayrischer Königstraum

Das mit meinen Träumen in der letzten Zeit, das gefällt mir nicht mehr richtig. Das ist ein solches Durcheinander, daß ich direkt um meine Gehirnfunktion fürchte. Ich muß da einmal zu einem Nervenarzt gehen, glaub' ich. Verschiedene Freunde und Bekannte haben mir zu einem Psychoanalytiker geraten, hinwiederum aber ist mir gesagt worden, die fragen einen so unverschämt aus und zuletzt sagen sie, meine innere Verwirrung kommt bloß von einem unbefriedigten Drang nach unkeuscher Betätigung. Ich dank' schön! Das ist denn doch die höhere Hinterlistigkeit.

Ich geh' einfach zu einem Nervenarzt, der wo mir ein annehmbares Pulver verschreibt und weniger wißbegierig ist.

Aber damit ich bei meinen Träumen bleibe – also gestern zum Beispiel, da hab' ich in eine Vorstellung von unserem berühmten Karl Valentin gehen wollen. Ich bin auch weggegangen in dieser Absicht, aber seltsamerweise bin ich in einer Versammlung der bayrischen Königspartei gelandet. Es war mir vollkommen unerklärlich, wie das zugegangen ist, trotzdem aber bin ich sitzen geblieben. Ich habe den mannhaften Worten des Redners zugehört, eine gewaltige Begeisterung hat mich erfaßt, zum Schluß habe ich »Heil unserm König, heil!« mitgesungen, und wie ich wieder heimzu gegangen bin, war ich ein überzeugter Monarchist. Ich kann's nicht mehr recht sagen, ist jetzt das vom guten Bier gekommen oder vom Schwung, den wo die Versammlung gehabt hat. Auf den Fall – »Oskare«, sag' ich selig gerührt zu mir »Jaja, Oskare, das war halt doch was sehr was Schönes mit unserm seligen König. Da hat man gewußt, wer regiert hat und hat einen Respekt haben können, aber jetzt! ... Jaja, Oskare, die damalige Zeit, die schöne, gute alte Zeit halt ... ! «

Ich hab' mich dabei langsam ausgezogen und da ist mir ganz von ungefähr wieder die versäumte Karl-Valentin-Vorstellung in den Kopf gekommen. Ich hab' mich hingelegt und auf der Stelle hab' ich eingeschlafen, aber – wie gesagt – schon ist wieder dieses elendige Träumen angegangen.

In schwarzem Gehrock, den Zylinder in der weißbehandschuhten Hand steh' ich zwischen anderen vertrauenerweckend beleibten Herren mit dickem Orden an der Brust und würdenträgerischen Federhüten unterm Arm im Amtszimmer unseres allverehrten Ministerpräsidenten. Der hat es hochnotwendig und schmettert uns tiefernst an: »Also, meine Herren!« Stockstumm ist's geworden.

»Meine Herren«, sagt er, »ich habe die seltene Ehre, Ihnen den verantwortungsvollen Auftrag zu erteilen, Herrn Karl Valentin die bayrische Königswürde zu Füßen zu legen!« Hochrot ist er geworden, der Held. Die Stirn hat er gefaltet, man hat's gemerkt, wie gerührt er gewesen ist. Vom sehnlichsten Wunsch des bayrischen Volks hat er was gesagt und endlich aufgehört mit den Worten: »Gehn Sie mit Gott, meine Herren!«

Was darauf alles geschehen ist, kann ich nicht mehr genau sagen. Solche welthistorischen Momente sind ja meistens mit allerhand Wirbel verbunden. Bloß das ist mir noch erinnerlich: Wir allesamt haben unsere Stiefelabsätze zusammengeschlagen, jedes Gesicht hat geehrt geglänzt und ein dreimaliges, donnerndes »Hoch!« ist erschollen. Drunten auf dem Promenadeplatz hat es genauso donnernd geantwortet und die massenhaften Leute haben das »Heil unserm König, heil!« angestimmt, daß es gerade eine Freude gewesen ist. Ein Jubel war's – nicht zum Beschreiben. Wir sind aus dem Ministerium gekommen und in die bereitstehenden Karossen gestiegen. Die Kutscher haben bloß im Schritt fahren können, so dicht hat uns das Volk umdrängt.

»Da sieht man's«, sagt mein Nebenmann in der Karosse zu mir:

»Mir Bayern sind einfach königstreu. Schaun S' – – wo find't man denn eine solcherne Begeisterung noch?«

»Jaja«, habe ich überwältigt genickt. »Zuageh tuat's – ganz wia beim Oktoberfest! Schön sowas, wunderschön!« Das muß aber nicht recht gepaßt haben, denn der Herr – ein Ministerialrat – ist sofort rot und pikiert geworden.

Unsern beliebten Karl Valentin haben wir am Fenster seines Wohnzimmers angetroffen. Ganz verängstigt ist er gewesen und war, scheint's grad dabei, wegzugehen, denn er hat bereits seinen niederen steifen Hut aufgehabt und ist ziemlich grantig gewesen über unseren unerwarteten Besuch.

»Was wünschen S' denn einglich, meine Herr'n?« hat er gefragt und dabei eine Klarinette in die Hand genommen, grad so, als wie wenn wir gar nicht dagewesen wären. Wir haben auf ihn los wollen, aber es sind lauter Instrumente – Aeroplanmodelle, Baßgeigen, Trompeten, Trommeln – rundrum gestanden und haben uns sozusagen unseren feierlichen Weg versperrt. Es läßt sich denken, daß wir allesamt ein wenig benommen geworden sind über einen derartig kalten Empfang. Das Wort ist uns direkt auf den Lippen erstorben, besonders schon deswegen, weil der Valentin jetzt auch noch etliche Töne geblasen hat. Endlich aber, wie er ein wenig einhält und wiederum nach unserem Begehren fragt, hat sich unser Führer denn doch ermannt.

»Majestät!« hat er laut aus sich heraus geschmettert. »Majestät!« wiederholt er eindrucksvoll, und wir haben uns alle verbeugt. »Majestät! Die Regierung des bayrischen Volkes bittet alleruntertänigst, Eure Majestät möge gnädigst geruhen, uns zu den Krönungsfeierlichkeiten in die Residenz zu folgen!« Gestockt hat es wiederum, jedem hat das Herz gebebt, versteht sich, und alle haben wir voller Erwartung auf den Valentin geschaut. Herzzerreißend erhebend ist es gewesen. Der zukünftige König hat seine Klarinette weggelegt und uns ganz sonderbar angeschaut.

»Keenigskreenung?« sagt er. »Wos? ... Kreenungsfeierlichkeitn? Ja ... sowas gibt's doch scho lang nimma? Wos redn S' denn do für Bovi daher?«

»Majestät?!« hat aber unser Führer keine Peinlichkeit mehr aufkommen lassen und mit gewissermaßen eherner Gewalt dazugesetzt: »Es handelt sich – Sie sind Bayerns König – da – das Volk.«

»Da Keenig ...I? ... I?« sagt auf das hin der Valentin und versteht ab Isolut nicht. »Geh! Dös is ja ganz ausgschlossn! A so a Stück hob i ja in mein ganzn Repertoire net, absolut net ... Und überhaaps, dös Monat konn i nix Neu's übernehma! Dös Monat san ma doch an Schauspielhaus zu dö Nachtvorstellunga engagiert! Wer schickt Eahna denn überhaaps?«

»Die Regierung des bayrischen Volkes!« zwang unser Führer schier beschwörend alle Einwände nieder und wir natürlich – eingedenk unserer hohen Mission – haben auf das hin mit flehend erhobenen Händen unseren zukünftigen Monarchen umringt.

»Ah! Schmarrn! D' Regierung werd mi holn!« hat der Valentin ganz und gar unfreundlich gebrummt, aber niedergestimmt ist er worden von unserem schon fast fanfarenmäßigen Ruf: »In Treue fest! Majestät! Majestät!« Auf das hin hat sogar der Valentin die Fassung verloren, hat uns hilflos angeschaut und ist alsdann abermals giftig geworden: »No, beim Teifi nei, wos hobts denn oiwai (alleweil) mit enkerner saudumma Majestät! Loßts mi aus, sog i! Loßts mi aus! « Er hat einen Ruck gemacht und dabei etliche Notenständer umgeworfen. Er ist durch das krachend umstürzende Instrumentengewirr auf die Tür zu und auf und davon. Wir haben im Augenblick wirklich nicht gewußt, was jetzt, hingegen der erneute Jubel des Volkes drunten hat uns wieder halbwegs aufgeweckt. Wie wir aber auf die Straße gekommen sind, haben wir bloß noch weit weg die Massen den Karossen nachrennen sehen und sind im Eilschritt in die Residenz. Grad noch recht sind wir gekommen. Im Krönungssaal war bereits der Valentin und die Liesl Karlstadt und eine Unmasse Würdenträger versammelt. Der zukünftige König ist auf dem Thron gesessen, der Hermelinmantel ist ihm von den spitzigen Schultern herabgehängt. Ausgeschaut hat er wie ein Kleiderständer. Ganz durcheinander ist er gewesen. In einem fort hat er einen Fuß an dem anderen gewetzt, daß seine grauwollenen Socken zum Vorschein gekommen sind, als dann ist ihm der Sockenhalter auf den Schuh heruntergerutscht. Die Liesl Karlstadt neben ihm hat gestrahlt wie bei der Firmung, grad schön war es.

Ewig hat der Valentin seinen steifen Hut, wahrscheinlich in der Meinung, es sei die Krone, auf den Kopf gedrückt und dabei gesagt: »Hmhmhm, wia obgmessn für mi! Hmhm, do schaug! Passn tuat s'!« Wie ihm aber drauf die Liesl die wirkliche Krone gibt, sagt er ganz verwundert: »No, dö hob i doch scho auf!« Das hat natürlicherweise peinlich gewirkt. Trotzdem aber – es ist auf einmal ein brausender

»Hoch«ruf erschallt, so schmetternd, daß der Valentin zusammengeklappt ist wie ein Schnappmesser. Und fällt auf den Thron – aber, o Elend! dabei rutscht er ganz erschöpft vom Thron herab, der Hermelinmantel ist von ihm gefallen und in weitem Bogen saust die Krone auf den glatten Parkettboden.

»Geh, Karl! Geh!« will ihm die Liesl Karlstadt helfen und reißt und zerrt an ihm. »Karl! Geh sei doch net so egglhaft! Karl! Du bist doch da bayrisch' Keenig!?!«

Hingegen der Valentin hat bloß noch ganz grantig drauf gesagt: »Ah, scheiß König! Mei Ruah mächt i, sog i!«

Auf diesen unehrerbietigen Schrecken hinauf bin ich aufgewacht und selbstredend sehr ärgerlich geworden. Wieder ist mir eine Überzeugung verpfuscht gewesen.

Wie gesagt, das mit meinen Träumen – ich geh' jetzt bestimmt zu einem Doktor.

## Weh' dem, der dichtet ... !

Im Grunde genommen – so wenigstens lehrt eine katholische Bauernweisheit in meiner Heimat – kann kein Mensch dafür, daß er Schlechtigkeiten begeht. Gleichwohl aber muß er früher oder später einmal dafür büßen, und diese Buße verlegt der Bauer nicht etwa ins Jenseits, sondern in das diesseitige Leben. Darum sagt er, wenn ihm oder irgendwo ein offenbares Unrecht geschieht: »Das rächt sich.« Ich habe diese Auffassung von einer immanenten Gerechtigkeit auch einmal in einem frommen Erbauungsbuch, das wir zu Hause hatten, aufgefunden. Da nämlich hieß es an einer Stelle: »Das Böse ist vielfach stärker als das Gute und umlauert uns auf Weg und Steg. Du aber, christliche Mitschwester und christlicher Mitbruder, tragest nach dem Willen des allmächtigen Gottes Schuld und Buße immerwährend in dir. Darum erhebe dich nicht hoffärtig über die anderen Menschen, denn du bist gleich ihnen auch nur ein unglücklicher Sünder.« Gerade dieses Wort vom »unglücklichen Sünder«, das ja mit der bäuerlichen Ansicht übereinstimmt, war mir stets ein Trost, und ich muß sagen, ich bin jenem unbekannten Verfasser des frommen Buches dankbar, daß wir nicht Sünder schlechthin, sondern nur Unglückliche sind. Wäre es anders – mein Gott! –, ich wäre schon manchmal verzweifelt.

Ich erschrecke zum Beispiel heute noch, wenn ich daran denke, was mir im Kriegslazarett in Lida passierte. Das habe ich bis heute noch nicht verwunden. Da war ein pommerscher Freiwilliger, Student der Philosophie, den hielt man allgemein für einen Simulanten. Er ging den ganzen Tag seltsam schleichend herum, redete wenig und man konnte ihn oft und oft am Fenster, im Gang oder im Abort entdecken, mit melancholischem Augenaufschlag zum Himmel blickend. Kam jemand dazu, dann sagte er meist brummend, mit einem Unterton von fast grausamer Bosheit: »Die können machen mit mir, was sie wollen. Ich komm' ihnen ja doch aus. Begraben können sie mich, ja, aber weiter nichts.« Er wiederholte solche selbstmörderischen Aussprüche sehr oft. Vor uns Kameraden, vor den Wärtern und Ärzten. Das wurde mit der Zeit abgeschmackt und niemand nahm's mehr ernst. Eines Tages wieder traf ich den Freiwilligen im Lazarettgang. Er war auf der Schreibstube gewesen und sollte in den nächsten Tagen an die Front zu seinem Truppenteil abgeschoben werden. Er stand da, lächelte sehr sonderbar, und ehe ich ihn fragen konnte, sagte er: »Ha-ha! Wegtun wollen sie mich! Begraben können sie mich morgen, diese Schufte!« Ich weiß nicht warum, der Bursche war mir schon zulange zuwider, und mit leichtem Ärger polterte ich drauf os: »Na, damischer Hund, was machst du denn immer bloß Sprüche! Häng' dich halt dann auf in Gottes Namen, wenn dich dein Leben nicht mehr freut, Depp! Dieses Quatschen glaubt dir kein Mensch mehr!«

Und, was denkt ihr? – Zwei Stunden darauf fand man den merkwürdigen Menschen tatsächlich oben im Speicher, in der Montur- und Gewehrkammer, den Lauf eines Karabiners im Mund, mit weggerissener Hinterkopfschale, das Hirn an der Wand, tot.

Ich fiel fast um, als ich es erfuhr, wollte aufschreien und verschluckte diesen Schrei. Ich schwieg und konnte keinem Menschen mehr gerade in die Augen schauen, nächtelang konnte ich nicht schlafen, und lange Zeit ging ich selber herum wie ein Selbstmordkandidat. Seither habe ich Angst, traurigen, hilfsbedürftigen Menschen ein böses Wort zu sagen. Ich weiche ihnen aus, ich fürchte sie beinahe.

Diese Ausweichen gelang mir auch bisher. Als jedoch meine Autobiographie »Wir sind Gefangene« erschienen war, konnte ich mich nicht mehr verstecken. Das war geradezu schrecklich. Schon in den ersten Wochen erzählte man mir im Verlag, daß ganze Stöße von Lebensgeschichten und Bekenntnissen eingelaufen seien. Berichte einfacher Menschen, Berichte von Leuten, die auf die schiefe Ebene gekommen waren, Bekenntnisse liebestoller Frauen, Aufzeichnungen von Abenteurern auf allen Gebieten. Ich sah kein einziges dieser Manuskripte an, ich kümmerte mich um nichts, aber gar bald rückten mir all diese Flehenden, diese Sehnsüchtigen sozusagen auf den Leib. Briefe aus allen Ecken und Winkeln bekam ich, Arbeiter, vermeintliche Parteigenossen, Intellektuelle, Frauen, Gymnasiasten und Backfische schrieben, Kranke und Bettelarme baten um eine Unterstützung, andere wieder wollten Autogramme, Drohbriefe erhielt ich, alle möglichen Vereine und Verbände schickten Aufrufe und wollten meine Unterschrift, erschreckend dicke Manuskripte brachte der Postbote. Lebensgeschichten, nichts als Lebensgeschichten sandten mir fremde Menschen, rührend, kriecherisch, aufdringlich und lästig ersuchten sie mich um ein Urteil oder verlangten, daß ich ihre Werke »umstilisiere«. Die guten, naiven Leute glaubten, ich sei mit einemmal ein Krösus geworden, eine Art Wundermann, dem auf dieser Welt Türen und Tore offen standen. Mir wurde schwummelig und angst. Meine ganze Ruhe war weg. Ich wußte mir nicht mehr zu helfen, ich verfluchte mich, mein Buch, meine »Berühmtheit« und zersann Stunden und Tage, wie ich denn nun all diesen bedrückten, hoffenden Menschen begreiflich machen könnte, daß ich weder Geld noch Einfluß hätte. Zerknirscht dachte ich an meine Anfänge und machte mir zeitweise die bittersten Vorwürfe über die seltsamen Wirkungen meines Buches. Aber die Flut der Briefe ebbte nicht ab. Es war gleichsam, als schreie mich von überall her das Unglück und der Jammer an. Es mußte etwas getan werden. Nun denn, da schrieb ich denen, die mir ihre Manuskripte geschickt hatten: »Lieber Herr! Ich bin traurig, daß ich Ihnen gar keinen Rat geben kann und keine Hilfe weiß. Ich verstehe nichts von Literatur und habe kein Urteil. Darum nehmen Sie mir es nicht übel, wenn ich Ihnen Ihr Werk wieder ungelesen zurückgebe.« So ähnlich schrieb ich und was ereignete sich nun? Es kamen Antworten voller Bitterkeit. »Jaja, Sie sind also auch so ein Zeitgenosse, der, wenn er sich gesund gemacht hat, alle anderen vergißt und nicht mehr kennt.« Das waren so die mildesten Ausdrücke. Aber es wurde noch viel schlimmer. Junge Menschen lasen mein Buch – und auf einmal kamen sie zu mir. Jener dicke, schnurrbärtige Mensch, der einmal an meine Ateliertüre klopfte und, als ich öffnete, kurzerhand fragte, ob ich der betreffende Graf sei, der »Wir sind Gefangene« geschrieben habe, war wenigstens noch amüsant und belustigend. Nämlich als ich bejahte, nickte er kurz und sagte nur: »Soso, also es gibt Sie wirklich! Nein, nein! Ich will weiter nichts, ich hab' bloß sehen wollen, ob es wirklich solche Schlawiner gibt. Adje!« Weg war er.

Indessen, eines Abends stand ein junger Mensch vor meiner Türe, grüßte schüchtern und stotterte heraus: »Ich habe Ihr Buch gelesen ... Es hat mich ganz umgekrempelt ... Ich bin einfach auf und davon und will jetzt ein neues Leben anfangen.« Ich starrte ihn eine Sekunde lang an, fand endlich die Fassung und ließ ihn eintreten. Er hatte ein sympathisches Gesicht, war sehr blaß, hatte tiefschwarzes, gelocktes Haar und seiner Kleidung nach stammte er aus der Kleinstadt. Alles an ihm war ordentlich, sauber und gebürstet. Er sei Schreinermeisterssohn aus Krefeld im Rheinland, einziger Sohn guter Eltern und in Mönchen-Gladbach Buchhandlungseleve, erzählte er.

»Aber, wissen Sie, Herr Graf ... Meine Eltern sind ja sehr nett zu mir, aber sie verstehn mich nicht und in der Buchhandlung, das geht doch auch nicht ... Ich will einfach von allein anfangen, ganz wie Sie«, sagte er und wurde auf einmal pathetisch: »Wir Jugend können doch nicht wieder den alten Trott gehen ... Ich will mich ganz wie Sie selbst befreien ...« Er schaute mich an und lächelte einnehmend. Fromme, gar nicht etwa erregte Augen hatte er. Er schaute meine Frau an. Meine Frau und ich sahen einander auch an.

»Tja, hm!« fragte ich endlich und war wirklich benommen. »Haben Sie denn Geld mitgenommen oder sind Sie einfach so ... ohne alles, einfach weg, davon?«

»Doch, doch ... Ich hab' schon Geld ... Siebzig Mark ... Ich hab' mir ein Zimmer in einer Pension am Bahnhof genommen«, erwiderte er beflissen.

»So ... Und – und was wollen Sie in München machen ...? Stellung werden Sie kaum eine kriegen ... Ich mein', wenn jetzt dann Ihr Geld verbraucht ist, was dann?« erkundigte ich mich vorsichtig. Er lächelte wieder so freundlich und sagte: »Ja ... Ich könnte ja leicht wieder zurückfahren, wissen Sie ... Aber, wissen Sie nichts für mich ... Für den Anfang ... Ich nehme jede Arbeit ... Wie Sie ... Ich will bloß frei und unabhängig sein ...«

Ich dachte unwillkürlich an meine Flucht von zu Hause. Ich dachte hin und her und fand das Wort nicht gleich. Meine Frau bekam besorgte Stirnfalten.

»In Krefeld und in Mönchen-Gladbach, wissen Sie, da ist gar nichts los ... Kleinbürgerlicher Sumpf!« fiel er dazwischen, wie um das Schweigen nicht unerträglich zu machen. Jetzt konnte ich endlich wieder reden.

»Ja, aber junger Mann, was machen Sie denn bloß für dummes Zeug! ... Ich und kein Mensch kann Ihnen doch helfen ... Schreiben Sie denn auch, ja?«

Er verneinte.

»In einer Woche ist vielleicht Ihr Geld weg ... Arbeitslosenunterstützung kriegen Sie keine hier ... Und-und – – sich befreien? ... Tja, von was denn eigentlich? Das ist ja seltsam! ... Hm-hm«, stotterte ich ratlos. Ich war dümmer wie der junge, ruhige Mensch, ermannte mich plötzlich, stand auf und sagte: »Kommen Sie, gehn wir ein wenig spazieren. Ich war den ganzen Tag noch nicht in der Luft.« Wir gingen durch die nachtnebligen Straßen und redeten von allerhand. Viel hatte der junge Mensch gelesen, aber man merkte – mit dem Leben hatte er gar keinen Zusammenhang. Da standen wir am Bahnhof.

»Siebzig Mark haben Sie noch, sagen Sie?« fragte ich unvermittelt.

»J-ja«, gab er etwas erstaunt zurück.

»Sehn Sie, da wär' jetzt der Bahnhof ... Ich mein', wenn Sie vielleicht eine Fahrkarte nehmen würden ... Wieder nach Haus', mein ich«, meinte ich und lächelte ein wenig. »Wissen Sie, in Krefeld oder in Mönchen-Gladbach können Sie sich genauso befreien ... wissen Sie, da geht's vielleicht viel leichter ... Und Ihre Eltern sind sicher heilfroh, wenn Sie wieder kommen ...«

Er stockte, mußte auch wieder lächeln, schlug die Augen nieder, wurde ein wenig verlegen.

»Jaja, heimfahren ... Verstehn Sie?« redete ich ihm abermals zu und noch einschmeichelnder setzte ich dazu: »Wissen Sie, diese Dichter, das sind lauter so unordentliche Kerle ... Glauben Sie ihnen nicht so viel, da fahren Sie viel besser in Zukunft ... Also kommen Sie ...«

»Ja? ... Raten Sie mir zum Nachhausefahren ... Wirklich?« fragte er zögernd.

»Wirklich ... Auf Ehr' und Seligkeit! ... Kommen Sie!« antwortete ich ermunternd und da folgte er.

»Morgen früh oder morgen Abend kann ich fahren«, sagte er, nachdem er die Fahrkarte hatte und schien tatsächlich freier. Ganz förmlich verbeugte er sich nachher auf der Straße vor mir, gab mir die

Hand und sagte: »Adjö, Herr Graf ... Ich danke schön für Ihren Rat ... Es war mir ein Erlebnis, Sie –«

»Jaja, mir auch, daß ich Sie kennengelernt hab'... Mir auch! Gut' Nacht!« unterbrach ich ihn. Ich habe nichts mehr von ihm gehört.

Eigentlich, als ich so nachdenklich heimzu ging, stieg mir doch ein fades Gefühl auf. Feig, feig, dachte ich, da hast du's jetzt! Und ich weiß nicht, dieses Unbehagen hielt mehrere Tage an. Wenn wieder so ein junger Mensch kommt, nahm ich mir vor, mit dem mußt du besser umgehen. Nicht einfach ihn abwimmeln, wieder wegschicken.

Gut und recht sind so schöne Vorsätze, aber es kommt immer anders.

Ungefähr eine Woche später – ich bin sehr schreckhaft – öffnete ich zufällig meine Ateliertür. Da stand im Halbdunkel ganz stramm und schweigend, Hände an der Hosennaht, ein rotbackiger Reichswehrsoldat.

»Herrgott, bin ich aber jetzt erschrocken!« stieß ich heraus und glotzte. »Wollen Sie zu mir? ... Zu Graf?«

»Jaja, wenn ich bitten dürfte ... Verzeihung, Entschuldigung ... Hab' ich vielleicht mit Herrn Schriftsteller Oskar Maria Graf die Ehre?« sprudelte der Mensch aus sich heraus. Sprudelte – ja, aber er lispelte es.

»Ja, bitte, der bin ich«, sagte ich ruhiger. »Bitte, kommen Sie herein.«

»Ja, wenn ich bitten dürfte ... Wenn es erlaubt ist, Herr Graf«, lispelte der Mann wiederum und bewegte sich zur Türe herein, so als habe er einen Stock verschluckt.

»Ja, was führt Sie zu mir?« erkundigte ich mich leger. »Setzen Sie sich ... Da, gehen Sie nur her ...«

Jetzt erst sah ich, der Mann hatte ein ziemlich großes, in blaues Papier eingeschlagenes Paket bei sich.

»Ich bin Lyriker, Herr Graf ... Ich ... Wenn ich bitten dürfte ... Nein, danke schön, ich kann schon stehen ... Ich bin Lyriker ... Ich möchte Sie um ein Urteil bitten ... Ich komm' jetzt frei ... Ich hab' meine Dienstzeit hinter mir und – und da ... Ich bin aus Niederbayern ... Bauernsohn ... Wissen Sie, ich krieg' da jetzt mein Geld und von daheim krieg' ich auch ein kleines Vermögen ... Ich möchte ... Wenn ich bitten darf ... Ich hab' meine Gedichte gleich mitgebracht«, flüsterte der Mensch immer aufgeregter heraus. Er kam buchstäblich in Atemnot. Sein Gesicht wurde feuerrot, seine Schläfen- und Halsadern waren bereits bedrohlich geschwollen. Er sah rund und gesund aus, aber mich befiel unwillkürlich das Gefühl, als platze der arme Kerl plötzlich heraus, falle womöglich auf die Knie und schreie aus sich heraus.

»Tja ... Lyriker? ... In der Reichswehr? Hm ... Verse machen Sie? Verse?« sagte ich etwas spöttisch, denn ich begriff nicht, der Mann war doch ganz gesund.

»Jaja, jawohl, Herr Graf ... Lyriker ... bei der Reichswehr, aber bloß noch ein paar Wochen ... Dann geh' ich heim ... Ich möchte bloß ein Urteil von Ihnen«, sagte er wieder so schüchtern beflissen und schaute hilflos herum, wo er sein Paket auspacken könnte. Mir wurde angst und bang.

»Können Sie nicht laut reden? ... Haben Sie einen Stimmfehler?« fragte ich so nebenher, denn dieses Lispeln klang zu unnatürlich, wie überhaupt dieses ganze hochdeutsche, gequälte Daherreden.

»Do-och ... Schon, ich kann schon laut reden ...«, sagte er jetzt halblaut murmelnd und auf mein: »Na also, reden S' nur laut ... Haben Sie denn Angst oder ...?« lächelte er verlegen und verbeugte sich steif: »Jaja, ich bin dann so frei ... Ich rede also laut, Herr Graf ...«

»Da ... Das sind gewiß Ihre Verse, was?« meinte ich und wies ihm den Tisch zum Auspacken an. Zitternd und benommen wickelte er nunmehr das Paket aus. Zwanzig blaue Schulhefte waren es.

»Und das sind lauter Gedichte ... Lauter Verse von Ihnen?« fragte ich bestürzt und belustigt zugleich.

»Jaja ... Und – und, wenn ich so frei sein darf. Ich meine, Herr Graf werden ja nicht soviel Zeit haben ... Ich möchte bitten ... Darf ich vielleicht einige vorsagen!« überfiel er mich wahrhaft heißblütig und – schwupp – schon hatte er so ein Heft, nahm es, schlug es auf, stellte sich in der Mitte des Ateliers in Positur und eh' ich etwas sagen konnte, begann er mit einer ganz sonderbar getragenen tiefen Baßstimme:

»Jetzt bin ich von dir gegangen, mein treues Lieb,
und fühle mich voll Weh und Schmerz.
O süße Anna, die Lampe brennt so trüb.
Unzähl'ge Tränen fühlt mein Herz,
dieweil ich hier sein muß und leide.
Anna, Teuerste! Kleinod und Demant mir!
Oh, hätt' ich Flügel und flöge mit dir

durch das All, das Kosmos, dem Höchsten zu!
An deinem Herzen nur ist wahre Ruh'.
Wir müssen eins sein, Anna, nur wir beide!«

Ich biß auf die Lippen. Es würgte mich, ich schluckte. Wie er dastand, in seiner nüchternen Uniform, mit seinem dicken, gesunden Kartoffelkopf, wie er das Gedicht vorbrachte, wie er bei den Worten »Demant, Kleinod, All, Kosmos, dem Höchsten« immer mit seinem rechten Arm eine seltsam heftige, stoßweise Bewegung – so, als beschreibe er eine Rundung – machte, das war unbeschreiblich, das war herausfordernd, ja, schon direkt entwaffnend.

Er schien erglüht, alle Schüchternheit war von ihm gewichen, schon trug er ein neues Gedicht vor. Mir blieb die Luft weg. Ich dachte erschreckt: »Ja, um Gotteswillen, was mach' ich denn bloß? Was tu' ich denn?« In diesem Gedicht, das von einer Ria handelte, kamen die Worte »Kosmos«, »Flug ins All«, »Ew'ge Liebe« und »Reinere Sphären« noch viel öfter vor. Als er endlich anhielt, nahm ich meine ganze Kraft zusammen und preßte mit möglichster Ernsthaftigkeit heraus: »Ja, wissen Sie, ich bin Epiker. Ich versteh' von Lyrik gar nichts ... Aber, sagen Sie, haben Sie eigentlich so viele Mädchen? ... Ich mein' Verhältnisse?«

Das gab ihm schier einen Schlag. Er zuckte und wurde brandrot, er glotzte und fand sich erst nach etlichen Augenblicken wieder.

»N-nein, nein, gar nicht ... Ich habe überhaupt gar kein Verhältnis noch nie gehabt, Herr Graf ... Das sind bloß Idealgestalten!« stotterte er und ließ, Gott sei Dank, sein Heft sinken.

»Ja-a ... Haben Sie bloß lauter so ... so Liebesgedichte?« fragte ich.

»Lauter so –«

»Ja, lauter, Herr Graf ... Lyrik muß vom Weib ausgehen«, hastete er schnell heraus, und als ich ihn nach seinem Alter fragte, setzte er ebenso sprunghaft hinzu: »Neunundzwanzig Jahre, Herr Graf ... Aus Niederbayern ... Ich bin noch ganz unbefleckt ...« Er hielt kurz inne, schnappte nach Luft, legte sein Heft hin und sagte jagend: »Ich möchte Sie nicht mehr aufhalten, Herr Graf ... Wenn ich bitten dürfte, ob ich die Gedichte dalassen dürfte ... Ich würde dann – wenn's angenehm ist – wiederkommen. Wenn ich jetzt mein Geld kriege, dann möchte ich meine Gedichte im Selbstverlag herausbringen ... Ich hab' noch viel schwerere Gedichte da drinnen ...«

»Ja – jajaja, bitte, lassen Sie s' liegen ... Kommen Sie morgen oder übermorgen nachmittags wieder, ja – jaja«, sagte ich wie erlöst. Er stellte sich hölzern stramm, machte eine Verbeugung und ging.

Ich schaute wirklich die Hefte durch. Lauter Liebesgedichte. An Thea, an Ria, an Anna, an Zenzi, an Sophie und so weiter. Und überall kam was von Kosmos und All vor. Ein ungeheuerliches Durcheinander von Sehnsucht, Verdrängung und Überspanntheit, ein erschreckendes Gewirr von Angelesenem und Gehörtem waren diese Gedichte. Eine Zeile, die sich oft und oft wiederholte, blieb mir haften: »Ich bin ein Kriegsmann. Mein Panier: Siegen oder Unterliegen – doch wenn wir uns, Ersehnte, in den Armen liegen, erstirbt mit Donnerknall das traur'ge Weltall ...«

Nehmt es mir nicht übel, als der Mann am übernächsten Tag kam, sagte ich ohne Grobheit, aber geradezu: »Ja, hör'n Sie, Sie sind ja geisteskrank ... Solches Zeug! ... Sie sind doch gesund und aus Niederbayern! ... Bauernsohn! ... Ja – jaja, das ist ja unmöglich! ... Sie sind geisteskrank! Da gibt's gar nichts zu reden! ... Wie kann man denn als gesunder, neunundzwanzigjähriger Mensch sowas zusammenmachen! ... Also machen Sie doch keine solchen Dummheiten ... Das ist ja schrecklich! ... Gehn S' doch her, wenn Sie jetzt frei sind, gehn S' heim und schreiben Sie das auf, was Sie in der Reichswehr erlebt haben ... Schreiben Sie es ganz genau auf ... Und – und heiraten S' und kaufen S' Ihnen einen Bauernhof ... Aber lassen S' doch dieses Verslschreiben ... Das ist doch ein vollkommener Unfug: Ein Niederbayer und Lyriker! Sind S' doch ein bißl vernünftig ...!« Ich konnte mich nicht halten, ich mußte es sagen. Der Mann ließ alles über sich ergehen. Er war bald rot, dann wieder blaß. Ich kam zuletzt fast ins Poltern.

»Da, da! Schauen S' doch einmal in den Spiegel! ... Ein so netter Mensch! Gesund, wo man hinschaut und – Versemachen, Liebesverse! Und lauter so Kosmos drinnen! ... Also, ich weiß nicht, ich kann Sie gar nicht verstehn! ... Nehmen S' halt ein Mädchen, dann wird sich dieses Dichten gleich verlieren ... Also, ich kann da nichts anfangen, wenn ein Mensch so verrückt ist!« schimpfte ich, packte den Mann, drehte ihn an den Spiegel, er schaute hinein, steif und starr.

Eine kurze Pause entstand. Ich glaube, der Mann würde stehengeblieben sein, in den Spiegel geschaut haben, bis – ja, bis ans Ende der Welt.

»Na, also ... Da, da haben S' Ihre Verse wieder ... Lassen Sie s' halt drucken, wenn Sie das Geld nicht reut ... Aber nehmen Sie ein Mädchen, das hilft, das hilft!« sagte ich gemütlicher und klopfte ihm auf die Schulter: »Da.«

Er drehte sich um. Er hatte ein todtrauriges Gesicht. Er nahm seine Hefte. Ich bekam Mitleid, versuchte ein gutes Lachen aufzusetzen, wollte eben etwas sagen, da kam er mir zuvor und fragte rührend: »Ja, dann raten Sie mir zur Epik?« Ich atmete auf.

»Jaja, nichts wie Epik ... Sie haben doch soviel in der Reichswehr erlebt ... Probieren Sie es mal und schreiben Sie ganz so, wie Sie denken und wie Sie können«, tröstete ich ihn.

»Hm, dann werde ich vielleicht das einmal probieren, Herr Graf, besten Dank, besten Dank!« sagte er wieder hastiger.

»Und jetz pfüat Eahna Good, Herr Nachbar«, versuchte ich ihn durch den Dialekt ins Menschliche zu bringen. Er aber wandte sich bloß steif um, lächelte ungeschickt, schlug die Haken zusammen und sagte: »Besten Dank, Herr Graf, adjö!«

Von ihm habe ich erfahren, daß er in einem niederbayrischen Finanzamt Stellung hätte und auch ganz glücklich verheiratet sei. Dichten tut er, soweit ich erfahren konnte, nur mehr für Vereinsabende, am liebsten aber soll er tarocken. Hoffentlich hat seine Ehehälfte niemals die glühenden Verse an all die Rias, Zenzis, Theas und so weiter gelesen ...

Ein Bursch von zirka sechzehn Jahren kam aus Ostpreußen. Er war bislang auf dem Gut seiner Tante. Seine Eltern waren gestorben, er sollte bei seiner Volljährigkeit ein ziemliches Vermögen bekommen, war ein forscher, höchst unsympathischer Kerl.

»Ha, gutn Taach, Herr Graf!« begrüßte er mich. »Also fabelhaft, jroßartich, Ihr Buch ... Ich hab' mich rein besoffen jelesen dran und bin getürmt ... Nee, wissen Sie, so auf einem tollen Gut sein junges Leben verkorksen, das jeht doch nich ... Meine Tante is ja sehr nett zu mir, aber wat soll ich denn dort ... Jüte hin, Jüte her, ich sag' ihr, ich hau' ab und hab's nu ooch jemacht!« Er redete wie ein Wasserfall. »Ah, Sie wollen wahrscheinlich das Leben ganz allein anpacken, was?« fragte ich mit deutlichem Hohn, den er gar nicht merkte. Sofort antwortete er: »Schöpferisch, verstehen Sie ... Nee, nee, ich dichte nich ... Keine Angst ... Mein Prophet ist Nietzsche ... Einfach mal loslegen ... Sehn Sie, das hat mir so imponiert bei Ihnen ... Einfach alles so hinjeschmissen und los ... Jroßartich!« Er tappte dabei auf dem Teppich auf und ab, als diktiere er Befehle. Einen schicken englischen Regenmantel, Ledergamaschen trug er, bloß die Sporen fehlten. Er machte buchstäblich den Eindruck, als wäre er von Ostpreußen direkt hierhergeritten. »Meine Tante will mich nich bejreifen ... Hier wohn' ich vorläufig bei einem ollen Onkel, der hat natürlich erst recht keinen Dunst von mir ... Na, ich werde den guten Leutchen schon zeigen ... Also Ihr Buch hat mich einfach –«

»Prügel haben Sie nie bekommen oder –« fiel ich ihm ins Wort, denn der Bursche ging mir langsam auf die Nerven. Er schaute mich kurz an.

»Jaja, ich mein', geprügelt hat Sie nie jemand?« wiederholte ich und schaute ihm ärgerlich in die grüngrauen Augen. Das schien ihn doch ein wenig zu verblüffen. »Nee, nee, nie ... Ich hätt's ooch keinem jeraten«, antwortete er etwas stockend, fuhr aber gleich wieder gefaßter fort: »Hm, ja, das haben Sie übrijens jroßartig in Ihrem Buch jeschildert, wie Sie zu Haus verprügelt worden sind ... Fabelhaft.«

Jetzt hatte ich genug. Der Zorn stieg mir zu Kopf. Ich ging zur Tür und öffnete sie ohne ein Wort. Er betrachtete mich unsicher, dann wurde er blaß.

»Da, sehn Sie! Da ist die Tür! Gehn Sie! ... Prügel, Prügel! Prügel müßten Sie bekommen, Prügel!!« brüllte ich auf einmal und war nahe daran, den Kerl einfach hinauszuwerfen. Aber er stapfte von selbst zur Tür, er schaute mich nicht mehr an, draußen aber sagte er noch schnell: »Hätt' ich nich jedacht von Ihnen, Herr Graf.« Und flugs ging er. Ich warf zitternd vor Wut die Türe zu. Das also waren so die schönen Wirkungen meines Buches. Ich schüttelte fort und fort den Kopf und schwor mir, niemandem mehr aufzumachen. Ich verwünschte die Post, die jeden Tag alle möglichen Briefe und diese verdammten Manuskripte daherbrachte. Es war zum Auswachsen, zum Davonlaufen. Aber hol' der Teufel ein Atelier, das keinen Korridor oder Vorplatz hat, bei dem man sozusagen mit der Tür in die Wohnung fällt. Was tappte und scharrte denn schon wieder so verdächtig da draußen? Ich hielt es nicht aus und öffnete abermals. Es war schon ziemlich dunkel, aber eben ging das automatische Treppenlicht an. Ein kleines, etwas schlampig gekleidetes Mädchen, eine ungefähr Fünfzehnjährige mit schmuddligem Gesicht stand da und blickte benommen auf mich.

«Grüß' Gott ... Zu wem wollen Sie denn? Zu Graf?« fragte ich abweisend.

»Ja, d' Fräul'n Kopf schickt mich«, antwortete das sture Ding.
»Fräulein Kopf?« ... Ich kenn' kein Fräulein Kopf! ... Was wollen Sie denn?« forschte ich im gleichen Ton weiter.
»Tja, d' Freil'n Kopf hat halt g'meint, ich soll zu Herrn Graf gehen«, gab die Kleine abermals zurück.
»Ja, ich hab' Ihnen doch schon gesagt, ich kenn' kein Fräulein Kopf! ... Was wollen Sie denn?« drang ich ungeduldig in sie.
Und wiederum: »Ja, wissen S', die Fräul'n Kopf hat halt g'meint, ich soll zu Herrn Oskar Graf gehn.«
»Ja, was ist denn jetzt das!? ... Ich kenn' doch kein Fräulein Kopf!« wurde ich noch ärgerlicher: »Was wollen Sie denn? ... Was führt Sie denn zu mir?«
Und abermals: »Ja, wissen S', die Fräul'n Kopf schickt mich ... Sie hat g'meint, der Herr Graf, zu dem soll ich gehn ...«
Ich nahm mich zusammen und probierte es mit Beharrlichkeit, ließ die Kleine eintreten, schloß die Tür und erkundigte mich abermals: »Also, was wollen Sie jetzt ... Reden Sie doch ... Wegen was kommen Sie denn? ... Ich kenn' das Fräulein Kopf wirklich nicht.«
Aber beharrlich hin, beharrlich her, beharrlicher war das schüchterne Ding. Schon wieder kam dieselbe Antwort: »Ja, d' Fräul'n Kopf hat g'sagt, ich soll zu Ihnen gehen ... Sie können mir Auskunft geben ...«
Endlich, dachte ich und fragte, was für eine Auskunft. Immer wieder das gleiche. Das Fräulein Kopf hätte gesagt und so weiter. Ich wurde ganz dumm dabei.
»Ja, aber Sie müssen doch wissen, warum Sie Fräulein Kopf geschickt hat! ... Wissen Sie das nicht? ... Sie müssen doch einen Grund haben, warum Sie zu mir kommen«, redete ich auf sie ein.
»Ja, d' Fräul'n Kopf, wissen S', d' Fräul'n Kopf hat g'meint –«, so ging das noch lange weiter, bis ich schließlich sagte: »Ja, Herrgott, jetzt sagen Sie doch endlich, was Sie wollen ... Lassen Sie mich doch mit dem Fräulein Kopf in Ruh'! Also was ist's! Reden S' doch! ... Haben Sie kein Geld oder möchten Sie eine Stellung oder –«
»Ja, die Fräul'n Kopf hat halt g'meint, Sie wissen da was ... Ich hab' eine Lebensgeschichte geschrieben und da hat Fräul'n Kopf g'meint, ich soll zu Ihnen gehen«, kam nun heraus. Ich mußte mir nun das schüchterne Mädchen doch genauer anschauen und wurde ein wenig interessierter.

»So, eine Lebensgeschichte? ... Ja, haben Sie denn schon soviel erlebt? Wie alt sind Sie denn?« fragte ich freundlicher.
»Sechzehn Jahr' ...«
Unwillkürlich lächelte ich.
»So ... Und was sind Sie denn von Beruf?«
»Modell«, erwiderte sie etwas schamhaft und lächelte ebenfalls.
»So, Modell ... Hm, und da haben Sie schon soviel erlebt?« wollte ich erkunden.
Sie schwieg, schlug die Augen nieder, dann schaute sie mich flughaft errötend an und nickte.
»Ja, wie viel Seiten haben Sie denn da schon geschrieben?« fragte ich wiederum.
»Da-das weiß ich nicht ... Schon viel«, gab sie zurück.
»Ja, Sie müssen doch wissen, wie viele Seiten ... Ist's so dick oder so dick? Ist's schon ein ganzes Buch oder haben Sie alles bloß auf so Zettel aufnotiert?« interessierte ich mich weiter.
»N-nein, da-das weiß ich nicht ... D' Fräul'n Kopf hat halt g'meint, ich soll zu Ihnen gehen, Sie wissen, wie ich das machen soll«, stotterte sie unbeholfen heraus und wurde nun ganz und gar befangen. Das war rührend. Ich fing an – da ich aus dem ganzen Gerede heraushörte, daß sie überhaupt nicht wußte, wie ein Buch zustande kommt –, sie aufzuklären. Ich nahm eine mit Maschinenschrift geschriebene Seite und sagte: »Sehn Sie, so müssen Sie das abschreiben, immer auf einer Seite das Blatt voll, sehn Sie ... Und wenn es ein Buch ist, dann kann man es einschicken an die Zeitungen oder an einen Verlag ... Bringen Sie es mir halt, wenn Sie einmal hübsch was beisammen haben, vielleicht kann man dann schauen ... So kann ich Ihnen ja gar nichts sagen.«
Sie sah mich währenddessen unentwegt an mit ihren eigentümlichen empfindungslosen Augen. Als ich fertig war mit meiner Belehrung, stand sie auf. »Also dann kommen Sie halt wieder, ja?« sagte ich freundlich und sie nickte bloß lächelnd.
»Und soll ich dem Fräul'n Kopf einen schönen Gruß ausrichten?« fragte sie an der Tür noch einmal halblaut und hastig.
»Schon wieder das Fräulein Kopf!« rief ich und setzte dazu: »Ja, meinetwegen, wenn ich sie auch nicht kenn' ... Meinetwegen.«
Etliche Stunden später, auf einmal, fiel mir ein – ja so, das mysteriöse Fräulein Kopf, das war ja vor Jahren einmal mein Milchmädchen ge-

wesen, ein nettes, heiteres, springlebendiges Ding. Hm, also bis dahin war mein »Ruhm« schon gedrungen. Das war tröstlich. Die Kleine mit ihrer Lebensgeschichte kam leider bis jetzt noch nicht wieder. – –

Damals fing ich eben wieder einen Roman an. Es sollte ein Buch werden, das gewiß keinen jungen Menschen mehr von zu Hause wegtrieb. Ich mietete im gleichen Atelierhaus ein verstecktes Zimmer, vergrub mich, und meine Frau wimmelte vorne im Atelier alle unbequemen Besuche ab. Fieberhaft arbeitete ich in einem Zug, fast Tag und Nacht und kam nur zum Essen ins Atelier vor. Kein Wunder, daß ich manchmal an so einem Abend wie ausgepumpt war, fast immer mürrisch und menschenfeindlich. So traf mich einmal ein später Besucher an, der sich als Schneidergeselle vorstellte. Er hatte einen Klumpfuß und sah ausgehungert aus. Ich lud ihn ein, mitzuessen. Er lehnte es fast beleidigt ab.

»Ich habe Ihr Buch gelesen, Herr Graf«, wollte er zu loben anfangen und, ich weiß nicht, das ärgerte mich. Ich hatte keine Lust zu derartigen Unterhaltungen und war außerdem zum Umfallen müde.

»Also, was wollen Sie denn?« fragte ich ziemlich ruppig.

»Tja, wissen Sie, Herr Graf, ich habe auch einen Roman geschrieben … Ich weiß ja nicht, ob er etwas ist, aber der Prinz (er nannte den Namen eines bekannten bayrischen Prinzen) hat viel davon gelesen und ich hab' auch schon einmal dort vortragen dürfen bei einer Wohltätigkeitsveranstaltung … Ich glaub', ich könnte schon, aber ich möchte gern Ihr Urteil hören«, erzählte er ein wenig befangen und fragte, ob er mir die Reinschrift, die seine Freundin demnächst anfertige, zur Beurteilung bringen dürfte.

»Ach, schon wieder!« entfuhr es mir. Ich nahm mich aber zusammen und sagte freilich nicht gerade freundlich: »Ach, wissen Sie, ich versteh' ja doch nichts und kann Ihnen auch gar kein bißl helfen … Schreiben S' halt weiter, schicken Sie ein und lassen Sie nie nach, dann wird es schon … Ich bin – Sie müssen mich entschuldigen – saumüd, ich arbeite Tag für Tag wie ein Vieh und bin immer so kaputt … Es hat keinen Zweck! Ich kann Ihnen nicht helfen, ich kann auch Ihr Manuskript nicht lesen … Schauen Sie, Sie müssen sich durchfretten und ich, man muß halt eine feste Geduld haben … Und jetzt – entschuldigen Sie – ich muß Sie hinausschmeißen. Gell, sei'n Sie mir nicht bös, aber, wie gesagt, ich kann nichts tun, gar nichts!«

Und damit stand ich auf, mein Buckel war wie lahm von dem vielen

Maschinschreiben. Der Schneider murmelte etwas verlegen: »Ja, entschuldigen nur Sie, Herr Graf, entschuldigen Sie, daß ich Sie gestört hab' ... Jaja, ich versteh' das schon ... Guten Abend.« Ich geleitete ihn zur Türe und drückte ihm die Hand. Seine Schritte hörte ich, dann fiel unten die Haustüre dumpf zu. Mich reute schon wieder alles, ich machte mir Vorwürfe. Meine Frau meinte auch: »Na, du warst grad nicht nett.«

»Jaja, es ist wahr, aber, mein Gott, wer kann denn in Wirklichkeit wem helfen!« meinte ich ebenso und bald darauf gingen wir zu Bett.

Zwei Tage später kam meine Frau plötzlich hinter in mein Arbeitszimmer und legte mir eine Sonntagszeitung hin.

»Da, da schau! ... Schrecklich! Entsetzlich!« stöhnte sie erschüttert. Ich überflog das Blatt und sprang mit einem wüsten Schrei auf. Der Schneidergeselle hatte sich mit seiner Freundin erschossen. Ganz ratlos fragte ich so in die Luft hinein: »Ja, was sollen wir denn tun!?« Ich nahm Hut und Mantel und rannte davon. Von Bekannten und Freunden des Schneiders erfuhr ich, daß es dem Unglücklichen schon lange sehr schlecht gegangen sei, daß er wohl immer von einem Roman gesprochen habe, aber eigentlich sei er aus einer nicht recht erklärbaren Eifersucht in den Tod gegangen. Nämlich eigentlich – und das durch die Philosophie Schopenhauers – habe er schon seit ungefähr einem halben Jahr seine Freundin immer wieder aufgefordert, mit ihm aus dem Leben zu scheiden. Lang habe sie widerstanden, so lange, bis er sie davon überzeugte, daß, wenn sie dazu nicht fähig wäre, sie ihn auch nicht restlos liebe. Und Not und – ja, sicher auch das, daß ich ihn damals so unfreundlich abfertigte, hätten dabei mitgewirkt. Ich habe einige Zeit später auch alle seine Aufzeichnungen bekommen, ein halber Roman und viel Betrachtungen über Liebe, Leben, Gott fand sich. Ich las mit großer Qual alles, ich verstand das Wenigste. Ich übergab all dieses Niedergeschriebene Leuten, auf deren Urteil ich viel gebe. Ihnen allen ging es nicht recht viel anders wie mir. Ich beredete immer wieder neue Leute und alle fanden nichts als Verworrenheit in diesen Blättern. Wenn jemand das sagte, atmete ich jedes Mal buchstäblich auf, ich empfand es als eine Art Losspruch von meiner Schuld. Um jene Zeit nämlich mußte ich wieder sehr oft an das fromme Erbauungsbuch denken, das wir zu Hause hatten. Es war wirklich so: »Schuld und Buße« trug auch ich wie jeder Mensch immerwährend in mir. Ich begriff, daß Bücherschreiben und dadurch bekannt, womöglich berühmt werden eine schreckliche, quälende Sache sei. Bedrückt war ich, Angst, wirkliche Angst hatte ich vor den Menschen, die zu mir kamen, von mir etwas wollten oder mich gar bewunderten. Ich wollte mich verstecken, vergraben, wollte fliehen, weit weg fliehen. Erst Monate später hat ein junger Arbeiter dieses lähmende Gefühl in mir ausgelöscht. Er hatte durch Zufall mein Buch in die Hand bekommen, es gelesen und war daraufhin von zu Hause fortgegangen. Ihn aber hatte nichts »Schöpferisches« weggetrieben, auch keine überhebliche Abenteuerlust. Seine Eltern waren auch Arbeiter, hatten außer ihm noch acht Kinder und lebten in arger Not.

»Und wie ich da dein Buch gelesen hab', Genosse Graf, da hab' ich auch Mut gekriegt ... Anton, sag' ich zu mir, der Graf hat weiß Gott auch schlimme Dinge mitmachen müssen und ist doch weitergekommen«, erzählte er, als er in meinem Atelier stand: »Und da hab' ich mir vorgenommen, ich probier's mal ... Wird schon gehen ... Meinen alten Leuten kann ich doch nicht ewig auf der Pelle kleben ...« Er schaute mich an mit seinen offenen Blicken, sein Gesicht war ruhig, eine fast männliche Entschlossenheit ging von ihm aus. Und er erzählte, wie er sich auf der Walze bis zu mir durchgeschlagen habe, erzählte von Genossen da und dort, von revolutionären Dingen, von Politik und von sich zu Hause. Je länger er redete, umso freier wurde mir zumute. »So wie es dir gegangen ist, geht's uns ja mehr oder weniger allen, wenn wir nicht auf dem Geldsack zur Welt kommen«, sagte er einmal so zwischenhinein und da ging mir auch gewissermaßen das Herz über. Ich erzählte ihm, was ich mit so jungen Leuten, die mein Buch gelesen hatten, schon alles erlebt hatte. Er lachte mitunter, er bekam wiederum ein ernstes Gesicht.

»Tja! Jaja, weh dem, der dichtet!« rief er einmal ironisch: »Da haben's wir einfachen Proleten doch schöner ... Bei uns gibt's bloß Genossen.«

Und wie von ungefähr, mit leichter, trauriger Getragenheit entschlüpfte es mir: »Wohl dem, der Genossen hat! « Er mußte lachen, weil ich so ein unsicheres Gesicht machte.

»Mensch! Hast du doch! Hast mehr Genossen, als du glaubst! Durch dein Buch kriegen sicher viel den Mut, das Leben anzupacken, ganz gleich, wie's geht! Sowas ist gut, immer gut ... Hapern tut's bei jedem ... Du hast's wenigstens nicht verschwiegen, du hast dich nicht aufs Postament gestellt und gesagt: Da schaut, was ich für ein Kerl bin! ...« Jugendgenossen und befreundete Arbeiter waren da. Jeder gab dem Thüringer recht. Das machte mich fest und heiter.

An einem Sonntagmorgen – wir hatten eine kleine Sammlung für ihn veranstaltet – fuhr unser junger Kamerad ab. Wir standen am Bahnsteig, winkten und er winkte auch aus dem Fenster. Sein frisches, mutiges Gesicht lachte. In keiner Falte lag da eine Angst vor der Welt.

Der Zug fuhr aus der rußigen Bahnhofshalle. Wir rannten eine Zeitlang mit. Draußen stand der strahlende Tag. Noch einmal schwang unser junger Freund keck seine Mütze und jubelte zurück. Wir taten das gleiche. Weiter rollte der Zug, in den lichten Tag hinein. Mein Herz war weit offen.

Ach, was heißt denn das »Schuld und Buße?« Der Morgen! Der Morgen! Und diese Jugend! Das ist die Rettung!

Es spukt in Schwabing ...

## … im Hof

Bislang habe ich immer geglaubt, nur auf dem Lande, auf versteckten Einöden, in verfemten Häusern und uralten Tennen, in Sümpfen und einsamen Torfstichen würde so etwas wie Spuk vielleicht noch möglich sein. Voriges Jahr im Herbst aber habe ich ein ähnlich gruseliges Erlebnis auch in der Stadt gehabt.

Das war in einer noch ziemlich lauen Oktobernacht. Am Himmel leuchtete zwar der Mond, doch er verschwand immer wieder hinter den dunklen, massigen Wolken, die der Wind dahintrieb. Ich saß vor meiner Schreibmaschine im Atelier bei offenem Fenster und arbeitete ungestört. Ab und zu hörte ich die Trambahn läuten und surren, entfernte Autos tuteten, langsam jedoch wurde es still und stiller und schließlich weinte nur mehr der Wind im verlassenen Hof. Dieser Hof, in welchem sich die Werkstätten etlicher Gipsformatoren befinden, ist der hinterste und verborgenste. Man muß von ihm aus zuerst durch den Torgang des Mittelhauses und kommt in den Vorderhof; hat man diesen durchschritten, muß man wiederum durch den Torgang des Vordergebäudes und gelangt endlich auf die Straße. Ich kann also sagen, daß ich ziemlich versteckt wohnte. Keine Glocke führte zu mir, kein Brief- und Telegraphenbote erreichte mich nachts, niemand.

Mit diesem Hof habe ich übrigens vor Jahren einmal eine sehr nette Geschichte erlebt und ich muß sie erzählen, weil sie mit dem Nachfolgenden ein ganz klein wenig was zu tun hat. Nämlich einmal – es befand sich damals in einer Werkstätte noch das Büro – hörte ich tief in der Nacht unter meinem Atelier Männerstimmen und leuchtete zum Fenster hinunter.

»Was ist denn los?« fragte ich, und drei Männer antworteten, sie seien Büroangestellte, ob ich nicht so gut sein möchte, sie beim Haustor hinauszulassen. Sie hätten bis jetzt an der Bilanz gearbeitet und keinen Schlüssel.

»Ja, bitte warten Sie«, sagte ich, schlüpfte in eine Joppe, ging hinunter und ließ die drei also aus dem Haus.

Am anderen Tag in der Frühe weckte mich ein aufgeregtes Gerede der Gipsformatoren. Ich horchte genauer und erfuhr dadurch, daß in der vergangenen Nacht im Büro eingebrochen worden war. Dreihundert Mark, viele Brief- und Invalidenmarken hatten die Diebe erwischt und – ich hatte ihnen arglos das Haus aufgeschlossen. Es läßt sich denken, daß ich seit dieser Zeit vorsichtiger geworden war, wenngleich die Gipsformatoren kurz darauf ihr Büro in ihre Wohnungen verlegten und in den Werkstätten nichts mehr zu holen war. – –

In jener windigen Oktobernacht vorigen Jahres nun hörte ich auf einmal ein sehr verdächtiges, ratterndes Geräusch, das sich unregelmäßig wiederholte. Kurzerhand nahm ich die Zuglampe, ging ans offene Fenster und leuchtete hinab in den dunklen Hof. Da plötzlich flog etwas großes Schwarzes kaum meterhoch über mich weg durch die Nachtluft. Flog, gab einen seltsam schwirrenden Laut von sich und – ss-rrr-ss-rr – war es weg. In meiner Bestürzung wußte ich mir nicht gleich zu helfen, zitterte leicht, und jetzt, als ich endlich imstande war, in die Richtung zu leuchten, in welche das grausige Ding geflogen war, sah ich nichts mehr, hörte aber wieder das Rattern. Es war fast so, als steige ganz hinten jemand über die mannshohe Mauer. Ich besann mich kurz, dachte hin und her, rief etliche Male in das Dunkel, suchte mit meiner Lampe herum – still war es wieder. Nichts entdeckte ich.

Ich überlegte: »Eine Katze kann es nicht gewesen sein. Die fliegt doch nicht. Und für einen Vogel war das Ding viel zu groß ... Und ein Mensch? ... Dummes Zeug, Unsinn! ... Du hast dich geirrt, bist überreizt.« Trotz alledem konnte ich mir aber doch nicht ausreden, daß ich tatsächlich etwas gesehen hatte, fand keine einleuchtende Erklärung und – weiß der Teufel – es lief mir auf einmal kalt über den Rücken hinunter. Ich schloß das Fenster und schlug den Vorhang vor.

»Quatsch! Blödsinn!« schimpfte ich mich schließlich selber. »Und im übrigen, was geht mich das an ... Mein Haus ist's nicht, mögen sie da drunten machen, was sie wollen.« Ich ging abermals an die Schreibmaschine und arbeitete mit Gewalt weiter. Nach einer Weile wurde ich wiederum ganz ruhig. Nach etlichen Stunden hatte ich die Sache wieder vergessen. Draußen heulte der Wind jetzt viel stürmischer. Ich nahm wie gewöhnlich meine Briefe und wollte sie zum Postkasten bringen. Während ich über die Stiege hinunterging, fiel mir plötzlich das schwarze Ding wieder ein und ein leichtes Gruseln stieg in mir auf. Ich trat aus der Türe des Atelierhauses. Der Mond stand halb hinter den Wolken und entschälte sich langsam. Der Wind blies heftig kreisend. Ich ging mit schnellen Schritten auf das Tor des Mittelhauses zu, dessen einer Flügel weit offen stand und da – entsetzlich – hörte ich plötzlich hinter mir wieder dieses Schwirren in der Luft, drehte mich jäh um, schaute auf und sah das schwarze, grauenhafte Ding direkt auf mich zufliegen. Ich jagte mit einem wilden Satz hinter den Torflügel, fäustete mit aller Kraft, die ich aufbringen konnte, meine Hände und blieb starr in meinem Versteck stehen. Mein Herz stockte und schlug alsdann trommelnd, ich zitterte wie Espenlaub und wagte kaum zu atmen. Das Schwirren kam näher – ss-rr-ss! tat es –, einen harten Schlag an die Außenwand des Torflügels hörte ich, dann ratterte es kratzend und war still. Wie gelähmt stand ich und konnte keinen Laut hervorbringen, keine Bewegung machen. Meine Briefe waren mir aus der Hand geglitten, ich spürte Eisigkeit in allen Gliedern und brauchte eine gute Weile bis zur nächsten Überlegung. Ich horchte und horchte. Still, grauenhaft still war es. Ich ermannte mich endlich und schob mich ganz leise an den Rand des Torflügels, bog meinen Kopf über die Kante und – was glauben Sie, was ich sah?

Ein aufgespannter Regenschirm lag auf dem Boden und schaukelte leicht hin und her.

Zuerst glotzte ich saudumm, dann wollte ich lachen, konnte aber ob des erlittenen Schreckens auch das nicht mehr.

## … und im Atelier

F. Th. Vischers berühmte »Tücke des Objekts« in allen Ehren, aber es gibt noch eine viel niederträchtigere Bosheit der Dinge.
Diese fällt so unerwartet und mit einer solch beschämenden Kraft über einen Menschen her, daß er schon nach den ersten schwachen Versuchen einer Gegenwehr kapitulieren muß. In solchen Fällen wird man zum Feigling und weiß nicht wie. Das wäre schließlich nicht so arg, schlimm, furchtbar wird die Sache erst, wenn später ein ganz dummer Zufall die banalste Aufklärung bringt. Bis zu diesem Zeitpunkt konnte man noch eine fadenscheinige Entschuldigung für sich finden, jetzt aber ist sozusagen die Bloßstellung eklatant. –
Das mit dem Schirm war nicht das einzige Erlebnis. Ich hatte mir ein Koffergrammophon gekauft und wollte nun auch etwas haben davon. Kaufte mir eine Unmenge Platten und ließ diese fort und fort spielen. Ich lud Freunde und Bekannte ein, eins kam zum anderen und zum Schluß war, zum Ärger der Nachbarschaft, jede Nacht Atelierfest bei mir. Getanzt, geknutscht, gesoffen wurde bis zum Morgengrauen. So verflossen die Wochen und ich wollte auch einmal wieder ausschlafen.
Ich legte mich sehr früh abends hin und knipste das Licht aus. Es war eine eisig kalte Mondwinternacht draußen, das Atelierfenster hat-

te ich stets dicht verhängt, nur durch das Oberlicht fiel die fahle Helle der Nacht und übergoß die dunklen Möbel, warf trübe Schatten an die Wände.

Meine Augenlider brannten. Ich war sehr müde, konnte aber nicht gleich einschlafen, lag wohlig im warmen Bett und sah nachdenklich in den Sternenhimmel. Das Feuer im Ofen war bereits erloschen, kalt und kälter wurde es im Raum, da und dort knackte ein Möbelstück. Ich zündete mir eine letzte Zigarette an und rauchte sie gemächlich zu Ende. Langsam wurde auch das Knacken schwächer und hörte endlich ganz auf. Ich zog die warme Federdecke bis ans Halsende, grub meinen Kopf tief in die Kissen und wollte nun einschlafen. Jetzt aber hörte ich aus der gegenüberliegenden Atelierecke, da, wo der Schrank stand, ein ganz seltsames Geräusch. Es klang ungefähr so, als fahre jemand mit der Messerscheide über einen Teller. Es ging durch Mark und Bein dieses Geräusch. Ich sah scharf in die Ecke, lauschte gespannt – jetzt war's still.

»Eine Maus vielleicht?« überlegte ich, mußte aber gleich gestehen: »Nein, so nagt und pfeift keine Maus.« Ich dachte genau nach und wurde merkwürdigerweise immer wacher. Eine gewisse, prickelnde Erregung hatte mich erfaßt. Ich lauerte geradezu darauf, ob sich dieses kratzende Quietschen wiederhole. Durch die stille Nacht draußen hörte ich etliche Turmuhren schlagen. Es wurde mir langweilig. Ich legte mich aufs Ohr und versuchte abermals einzuschlafen. In diesem Augenblick quietschte es auf einmal wieder. Ich hob den Kopf, schaute scharf im Raum herum, hielt meinen Atem an, das Herz schlug lauter in mir. Nach einer ungeduldigen Weile stieg ich aus dem Bett, knipste Licht an und sprang mit einem raschen Satz zum Schrank, nahm den Stock und fuhr darunter, suchte unter allen Möbeln und machte einen ziemlichen Spektakel. Nichts Verdächtiges entdeckte ich, keine Maus sprang irgendwo hervor. Ich riß die Schranktüre auf, wühlte in den Kleidern herum, in den Fächern und unten auf dem Boden. Nichts, gar nichts.

Ich war ratlos, doch meine Erregung stieg, ich geriet in eine unruhige Wut. Da stand ich, kalt war es, mich fror, daß ich schlotterte.

Ob vielleicht wieder da drunten im Hof was los sei? Ich öffnete das zugefrorene Fenster mit vieler Mühe und überleuchtete das verschneite Geviert drunten. Keine Katze war da, keine offene Türe schlug hin und her, die Fenster der gegenüberliegenden Häuser waren dunkel.

»Hm, das kommt bloß von deinen ewigen Saufnächten ... Nervös bist du, weiter gar nichts!« sagte ich mir, schloß das Fenster wieder und wollte schnell in das warme Bett. Da – das Quietschen war wieder da!

Jetzt befiel mich wirklicher Schrecken. Was in drei Teufels Namen war denn das? Ich biß die Zähne aufeinander, vergaß mein Frieren, rannte vor die Türe, suchte den langen Gang ab, den darunter- und den darüberliegenden, kam wieder ins Atelier zurück, riß alle Schubladen auf, warf alles drunter und drüber, schmiß die Bücher aus den Stellagen und tobte verbissen in diesem Durcheinander herum. Es war zum Verrücktwerden – nichts fand sich. Ich zweifelte momentweise schier an meinem Verstand, betastete wie prüfend mein Gesicht, meinen kalten Körper – ja, ja, ich war schon da, leibhaftig und lebendig. Ich pfiff etliche Male, um mein Gehör zu prüfen. Es fehlte nichts.

Ich zog mich endlich an, machte Feuer, rauchte eine Zigarette um die andere und wartete auf das vermaledeite Quietschen. Müde war ich, zerschlagen, aufgeregt und vermurrt. Schließlich – was soll man tun, wenn die Nacht so lang ist und der Kopf leer. Ich nahm das Grammophon aus dem Schubfach, stellte es auf den Tisch und hob den Deckel. Ich blieb säulenstarr stehen. Nämlich – jetzt löste sich mit einem Male das Rätsel: Die Bremse der Drehscheibe funktionierte nicht mehr recht, lockerte sich ab und zu und die Scheibe drehte sich quietschend.

Ich nahm den verdammten Kasten und warf ihn in die Ecke. Krachend fiel er auseinander.

Soll mir einer noch was sagen, ob die Dinge nicht boshafter sind als die Menschen!

## Der betrogene Appetit

Man kann arm sein und viel hungern müssen. Wenn man nicht ganz auf der Straße liegt, noch ein Dach übern Kopf hat und unbeirrt aufs Besserwerden hofft, dann ist das alles nicht so schlimm. Eine solche Art von Ärmlichkeit spornt sogar an, gibt Mut und Zuversicht. Man wagt stets alles und gewinnt meistens ein bißchen etwas dabei. »Vorwärts, Mann!« sagt man sich in einer solchen Lebenslage mit Recht: »Vorwärts! Viel schlechter kann es nicht mehr werden, nur besser.« Zu verlieren hat man nichts, ärmer kann man also nicht mehr werden, nur reicher.

So ungefähr ging es mir damals, als ich »auf dem Gebiet der Literatur fester Fuß faßte.« Das war anno 1919 und 1920. Die wirren und bedrückten Tage der Revolution und des Zusammenbruches waren vorüber, die Inflation fing sachte an, machte das Geld flüssiger und die reichen Leute zugänglicher. Der Expressionismus blühte rundherum.

In München und wahrscheinlich auch anderwärts gab es um jene Zeit hochfeine literarisch-künstlerische Salons. Dort sah man die Talente aus dem Volke gerne. Eine gewisse sozial betonte Aufgeschlossenheit herrschte dort. Man protegierte Autodidakten und dadurch kam ich in Kreise, die mir in vieler Hinsicht nützlich waren. Erstens nämlich wurde dort viel diskutiert. Ich verstand zwar das Zeug meistens nur halb, aber mein Hirn und meine Zunge wurden gelenkiger. Zweitens schwärmte man von der neuen Kunst. Ich hörte Namen, hörte Definitionen, wurde angeregt und lernte Menschen kennen.

Zur selbigen Zeit war bereits mein erstes Gedichtbuch erschienen. Ich galt in Schwabing als »Hoffnung« und man nahm meine gut gespielte Tölpelhaftigkeit für »ungebrochene Naivität«.

Mir aber ging es schlecht, sehr schlecht. Und was tut ein junger, reger Mensch in solcher Situation? Er lauscht, er überlegt, er macht sich beliebt, er nützt alle Möglichkeiten aus und findet schnell heraus, worauf es im Augenblick ankommt.

»Jetzt hab' ich's!« sagte ich damals einmal zu meinem Freund und Leidensgenossen Georg Schrimpf: »Die neue Kunst zieht augenblicklich! Ich werde Kunstkritiker.«

»Jaja, das kannst du sicher. Du hast überhaupt schon so verzwickte Worte in deinen Gedichten ... Bei den Kunstkritikern kommt's bloß drauf an, daß einer recht durcheinanderschreibt, dann meinen die Leute, es ist was dahinter«, sagte mein Freund.

In den nächsten Tagen beschäftigte ich mich mit den Aufsätzen in den Kunstzeitschriften. Ich las, was die Kritiker über Maler schrieben, notierte mir die Adressen der Redaktionen, ließ Anfragen los und bekam beglückenderweise zusagende Antworten. Triumphierend kam ich zu Schrimpf.

»Mensch! Ich bin ein gemachter Mann!« jubelte ich: »Ich schreibe über deine Bilder, daß es grad so fetzt.« Ich notierte mir seine Lebensdaten, er gab mir Photos und es gelang mir, ein Referat über sein Schaffen in einer angesehenen Kunstzeitschrift anzubringen. Nun kamen eine Menge Maler, die mich kannten, waren auf einmal devot zu mir und schätzten meine Schreiberei. Jeder wollte über sich geschrieben haben und ich ließ mich nicht lange bitten. Honorar gab es zum erstenmal! Man denke: Ho-no-rar!

Und nicht nur das!

Die damaligen Händler in neuer Kunst luden mich ein, wenn sie Ausstellungen veranstalteten. Ich galt als anerkannter Sachverständiger und wußte nicht wie. Sowas bestärkt selbstredend einen jungen Mann in seinem Selbstbewußtsein. Es macht ihn sogar überheblich. Er glaubt wirklich, ohne ihn ginge es nicht mehr. Damit ich aber gleich die Wahrheit sage: Ich schätzte meine Schreibereien über Kunst wirklich nicht. Im Gegenteil, ich machte mich insgeheim sogar lustig über das dumme Zeug und über die Herren Händler. Nach außen hin natürlich, vor einem Bild, da konnte ich die Stirn in Falten ziehen und fand die merkwürdigsten Erklärungen, die schlagkräftigsten Einwände, die trefflichsten Belobigungen. Etwa so: »Ein vitales Temperament! Aus dem wird noch was!« Oder: »Zuviel Impressionismus! Nicht geformt ... Absolut chaotisch und unentschieden ...« Und so weiter.

Immerhin, mein »Dichtertum« wollte ich durch die »Tagesschreiberei« nicht beeinträchtigt wissen und legte mir infolgedessen zwei Namen zu. Als Dichter hieß ich Oskar Maria Graf, als Kunstkritiker Oskar Graf-Berg. Von Berg am Starnberger See stammte ich.

Diese letztere Namensbezeichnung hatte eine geradezu unglaubliche Wirkung. Überall hielt man mich für einen Adeligen und meine Chancen wurden noch weit besser. Weiß der Teufel, wo das herkommt, daß grade in republikanischen Zeiten der Adel plötzlich wieder geachtet wird!

Ein Mann, der sich einbildete, ein großer Maler zu sein, aber nirgends ernst genommen wurde, benützte sein ziemlich großes Vermögen dazu, eine Kunstzeitschrift zu gründen. Das sprach sich sehr schnell herum und der Mann wandte sich auch an mich. Eines Tages erhielt ich einen Brief von ihm, der mit »Ew. Hochwohlgeboren, sehr verehrter Herr Graf« überschrieben war. Fast untertänig erbat der Mann meine Mitarbeit an seinem Blatt, rühmte mein Kunstverständnis und kündigte schlankweg seinen Besuch an. Ich bewohnte dazumal ein ärmliches Atelier im vierten Stock und hatte kaum Möbel. Alles sah verludert und verwahrlost aus, denn man verbrachte ja seine ganze Zeit im Café oder Künstlerkneipen.

Der Mann kam. Ich hörte ihn vor meiner Tür herumtrippeln, endlich klopfte er unschlüssig und als ich öffnete, fragte er ziemlich benommen: »Verzeihung, bin ich hier richtig? ... Bei, bei Herrn Graf von Berg?«

»Graf von Berg? ... Tjaa ... Bibitte!« antwortete ich etwas bestürzt und ließ den Besucher herein. Er schien peinlich berührt, sah sonderbar hastig im ärmlichen Raum herum und fand das Wort nicht gleich wieder. Ich kam ihm zuvor und sagte gefaßter: »Ach, hm ... Sie haben mich wahrscheinlich für einen richtigen Grafen angesehen ... Neinnein, das stimmt nicht, ich heiße nur Graf und stamme aus

Berg am Starnberger See.« Der Mann wurde rot, dann blaß, dann wieder rot und stotterte endlich: »Tjaja, hm, ein Irrtum meinerseits, Verzeihung, Ver-verzeihung, a-aber Sie sind doch der Kunstkritiker?«

»Jawohl, der bin ich«, half ich ihm und bot ihm meinen einzigen Stuhl an. Der elegante Besucher setzte sich und schien noch immer abwesend zu sein. Der Stuhl wackelte derart bedrohlich, daß der Herr ein noch peinlicheres Gesicht bekam und sich wieder erhob. Ich sah, Schweißperlen standen auf seinem dicken, runden, glattrasierten Gesicht.

»Verzeihen Sie«, bezwang er sich wiederum: »Ich bin nicht etwa reaktionär ... Adel oder nicht, ist mir gleichgültig ... Entschuldigen Sie, Irrtum kann vorkommen, nicht wahr?« Er musterte mich flüchtig und fuhr fort: »Mir kommt es vor allem darauf an, die wirklichen jungen, fortschrittlichen Kräfte zusammenzufassen ... Sie kennen doch Herrn Schrimpf, nicht wahr? Sagen Sie, könnten Sie nicht mal mit ihm zu mir zum Abendbrot kommen? Wir könnten uns da über meine Pläne unterhalten ...«

»O ja gern ... Gern kommen wir«, sagte ich zu und er, wie auch ich, beide waren wir froh, nicht mehr länger so zusammensitzen zu müssen in meiner ungastlichen Bleibe. Wir verabredeten Tag und Stunde. Er verabschiedete sich, und als er draußen war, machte ich einen Luftsprung. Übermorgen also winkte ein hochherrschaftliches Abendessen und das war um jene Zeit Wunder und Glückes genug. Sofort lief ich zu Schrimpf.

»Haut schon! Wunderbar«, sagte der ebenso erfreut. »Mensch, ich hab' gehört, der Mann hat eine fabelhafte Zwölfzimmerwohnung in Bogenhausen ... Paß auf, der bietet was ... Herrgott, da fress' ich direkt auf Vorrat! Mich hungert jetzt schon.« Genau so dachte ich. Uns lief das Wasser im Munde zusammen. Die herrlichsten Speisenfolgen malten wir uns aus, Delikatessen kamen uns in den Sinn, die eben nur so ein Krösus bei den damaligen Schleichhändlern haben konnte. Die raffiniertesten Fleischgerichte, Backhühner, pikante Vor- und Nachspeisen erfand unsere fanatische Gier. Beide tappten wir händereibend, mit glücklichen Gesichtern und rumorenden Magen im Atelier meines Freundes hin und her. Dann gingen wir in die Volksküche und verzehrten unsere Portion Heringe mit Kartoffeln.

Am anderen Tag sagte Schrimpf zu mir: »Heut ess' ich überhaupt nichts, daß ich abends den richtigen Appetit hab' ... Mensch, das haut ja!« Abend wurde es. Wir machten uns auf den Weg. Trambahngeld hatten wir keins, nicht einmal mehr eine Zigarette. Unsere leeren Mägen schlenkerten im Bauch herum, und immer fing mein Freund wieder das Ausmalen an.

»Herrgott, vielleicht gibt's ein rösches Spanferkl oder gar eine Gans«, meinte er und erfand immer neue Herrlichkeiten: »Oder Backhenderln mit Gurkensalat oder vielleicht – –«

»Mensch, hör auf! Hör auf!« schimpfte ich, denn ich litt wahre Tantalusqualen. Aber Schrimpf fuhr dichterisch fort: »Oder vielleicht als Vorspeise russische Eier, italienischen Salat ... Zuerst einen wunderbaren Bordeaux und nachher beim richtigen Essen einen spritzigen Mosel, a-aaach! « Ich wurde ganz wild. Mein Magen hielt das nicht mehr aus. Endlich, endlich läuteten wir an der Türe des neugebackenen Kunstverlegers. Ein sehr adrett gekleidetes Mädchen öffnete, grüßte freundlichst, ließ uns eintreten und nahm uns die Hüte ab.

Wirklich eine pompöse, unerhört geräumige Wohnung war das. Aus dem hell erleuchteten, blitzblank gedeckten Speisesaal kamen uns Verleger und seine kleine, dickliche, etwas entenhaft daherwatschelnde Frau entgegen. Wir stellten uns gleicherzeit vor und schnupperten insgeheim, ob denn nicht irgendein verräterischer Speisengeruch dahergeweht komme.

Der Tisch prunkte in Weiß und Kristall, silbernes Besteck und teures Porzellan zierten ihn. Man setzte sich.

»Anna, bitte!« sagte die Frau Verleger. Um unsere Gier zu verbergen, lobten wir in einem fort die herrliche Einrichtung. Die Herzen schlugen uns, jede Fiber zitterte: Essen, essen, essen!

»Da läßt sich wohnen«, versuchte ich einen weltgewandten Konversationston anzuschlagen. Das Mädchen kam und kam nicht. Die Frau redete.

»Ach, wissen Sie, wir leben ja ganz einfach ... Das ...« – und damit warf sie einen Blick auf Teller, Gläser und Besteck – »ist ja alles nur Ererbtes.« In diesem Augenblick kam das Mädchen mit einer großen Porzellanterrine zur Tür herein und reichte sie rundherum. Steinpilze gab es. Verständnisinnig sahen Schrimpf und ich uns an. »Ah, Vorspeise!« sagten unsere glänzenden Augen.

»So, greifen Sie nur zu! Tun Sie sich nur tüchtig auf! « forderte uns die Gastgeberin auf. »Bitte, bitte! ... Nur nicht genieren, bitte, nur tüchtig.«

Mitnichten, dachten wir beide misstrauisch, mitnichten! wir werden so dumm sein und uns schon an der Vorspeise sattessen! Trotz allen Zuredens waren wir im Auftun sehr bescheiden. Das Mädchen stellte die Terrine hin und verschwand. Wir aßen.

»Schmeckt's?« erkundigte sich die Gastgeberin.

»Sehr, sehr gut!« gaben wir zurück.

»Das freut mich. Bitte, nehmen Sie doch noch ... Bitte!« Wir hatten aufgegessen und machten dumme, unschlüssige Gesichter.

»Na, Sie werden doch nicht schon genug haben ... Bitte, bitte, greifen Sie doch zu!« drang die Frau Verleger auf uns ein. »Wollen Sie wirklich nichts mehr?« Sie nahm den Deckel von der Terrine, erfaßte den Schöpflöffel: »Na darf ich noch?«

»Ein bißchen noch, aber nicht viel, bitte«, sagte jeder von uns kulant. Wir waren schnell fertig mit dem »Bißchen«. Noch einmal schüttete uns die Frau auf, wenngleich wir uns dagegen wehrten.

»Na, das geht doch noch! Nur zugreifen! Bitte! ... Sind Sie denn schon satt? Ja? Wirklich? «

Satt? dachte ich: Satt? Am verlegenen Gesicht Schrimpfs erkannte ich den gleichen Gedanken. Wir lugten unvermerkt nach der Tür. Die öffnete sich nicht mehr. Satt?! Satt?! überfiel mich der Schrecken. Beide wußten wir uns nicht mehr zu helfen, als die Hausfrau wiederum zu bitten anfing, wir sollten doch zugreifen.

»N-nein, nein, danke! Danke!« stottere ich. Das gleiche tat mein Freund. Und jetzt endlich läutete die Frau Verleger dem Mädchen. Das kam – uns durchfuhr es eisig – mit leeren Händen daher. Starr glotzten wir.

So, Anna ... Gut hat's geschmeckt ... Sie können abdecken und den Tee servieren«, sagte die gnädige Frau und jedes Wort traf uns buchstäblich wie ein Hammerschlag. Abdecken? War denn das alles? *Alles?*

Vernichtet sahen wir einander an.

»Trinken Sie Tee oder lieber Zitronenlimonade?« erkundigte sich der Verleger.

»Tee, Tee«, stießen wir beide wie abwesend heraus. Es war furchtbar, es war grausig. Unsere Magen taten uns weh. Und nun gab's Tee mit windigen Waffeln!

Unsere Gastgeber fingen eine legerere Unterhaltung an. Wir blieben zugeknöpft.

»Eine sehr schöne Wohnung haben Sie, sehr schön«, sagte ich in Ermangelung eines anderen Einfalles: »Und in der wunderbarsten Gegend wohnen Sie.« Unterdrückte Wut saß mir in Hirn, Herz, in den Därmen und im Blut.

»Ach, wissen Sie, wir fühlen uns eigentlich gar nicht wohl hier ... Im ganzen Haus wohnen lauter so – so Revolutionsgewinnler und Schieber« meinte die Frau und ihr Mann setzte dazu: »Ja, eine widerwärtige Gesellschaft ist das ...«

»Schieber?« warf ich ein und wunderte mich selber über meine Sicherheit. »Na, ich weiß nicht, die Leute sind eigentlich ganz fein ... Die Leute hocken nicht auf ihrem Geld, sie haben einen ganz neuen Lebensstil aufgebracht ... Das gefällt mir ... Da kommt man hin – dicke Zigarren gibt's, Schnaps, Wein, Essen ... Nette Leute, feine Leute das! Sie prassen und fressen, daß sich der Tisch biegt, so was find' ich herrlich ...« Ich hatte nicht aufgepaßt. Ein betretenes Schweigen trat ein.

»Ach, Kurt, gibt doch mal die Zigarren und den Schnaps 'raus«, sagte die gnädige Frau und wandte sich an uns: »Nicht wahr, Sie trinken doch gerne ein Gläschen?«

»O ja«, sagte ich. Ihre Augen waren nervös. Jetzt erst spürte ich, daß ich etwas falsch gemacht hatte und fuhr mit größtmöglicher Freundlichkeit weiter: »Nein, nein, nicht daß Sie meinen ... Entschuldigen Sie, ich hab' bloß gemeint, aber die Schieber, sehn Sie, das sind die Menschen der neuen Zeit ...« Das wirkte noch mißliebiger.

»Wollen Sie vielleicht noch was essen ... Es sind noch Steinpilze da?« erkundigte sich die Frau Verleger.

»Aber nein, um Gotteswillen, wir sind vollauf satt«, log ich. Wir rauchten verzweifelt, wir schütteten den süßen Likör in uns hinein und endlich verabschiedeten wir uns.

»Gott sei Dank! Mensch! Mensch!!« hauchte Schrimpf wie halbtot auf der Straße und ließ seiner Wut freien Lauf: »Sowas! ... Hm, und mich hungert, daß ich rein umfallen könnt' ...!«

Auch ich schimpfte.

»Einmal und nicht wieder!« beschlossen wir. »Ein andermal, wenn uns so reiche Knöpfe einladen, gehen wir einfach nicht mehr hin!«

Wir stampften durch die laue Nacht dahin und ärgerten uns immerzu.

»Schwammerl! Schwammerl!« belferte mein Freund und wurde

nachdenklich. »Jaja, das ist ganz richtig gewesen, was du von den Schiebern gesagt hast ... Die Leute, die sowieso reich sind, haben gar nie Hunger gespürt, drum lassen sie auch ihre Gäste Hunger leiden ...«

Wir haben nichts mehr gehört und gesehen von dem Herrn Kunstverleger. Er ist ins Rheinland verzogen, erfuhren wir später, und hat sein Geld in ein lukratives Industrieunternehmen gesteckt. Recht getan, sicher – aber wenn wir uns an die damalige Einladung erinnern, wird's uns eiskalt, heut noch.

## Filmische Erlebnisse

»Man soll nichts bereden. Nicht einmal seine Nase. Auch die kann auf einmal schief werden«, sagt man in meiner Heimat, was immerhin darauf hinweist, daß wir humane Skeptiker sind. Denn bedeuten tut der Spruch ungefähr: »Du sollst weder über dich noch über andere gar groß denken oder wenigstens verstehend. Zufall ist ja doch alles im Leben.«

Da fällt mir nämlich grad ein: Um ein Haar wär' ich Filmkomiker geworden und vielleicht – wer weiß? – säß' ich heut in Hollywood wie Chaplin oder Harald Lloyd oder Buster Keaton. Wer weiß? Wer weiß?

Die Sache ging nämlich so zu: Wir lebten mitten in der Nachrevolutionsboheme und hatten kaum was zu nagen und zu beißen. Mein Freund Schrimpf hauste dazumal in einem kleinen Atelier im hintersten Rückgebäude, und ich hatte ein ärmliches Zimmer bei einer sehr bissigen Logisfrau, die ich schon deshalb mied, weil ich ihr fort und fort die Miete schuldig blieb. Arbeit hatte ich keine, meine »Schriftstellerei« brachte auch nichts ein, drum verlungerte ich die Tage oder war bei meinem Freund und diskutierte. Tee und wieder Tee vertilgten wir und wenn's hoch ging, gab es dazu Brot mit Kunsthonigaufstrich. Zum Mittagessen in der Volksküche war selten Geld da.

Eines Tages zeigte mir Schrimpf ein großes Inserat in den »Münchner Neuesten Nachrichten«. Fünfzig bis hundert Herren wurden von einer Filmfirma gesucht. Vorzustellen am anderen Tag um neun Uhr früh.

»Mensch! Haut schon! Da gehen wir hin!« war ich sofort begeistert.

»Ja, wenn s' uns nehmen, schon!« zweifelte mein Freund ein wenig, aber am anderen Tag um die angegebene Zeit meldeten wir uns in einem weitläufigen, düsteren Büro in der inneren Stadt und – Glück muß der Mensch haben! – wurden trotz des ungeheuren Andranges von Bewerbern genommen.

»Taggeld 15 Mark, die Reisespesen werden extra vergütet ... Morgen punkt sechs Uhr alles auf dem Hauptbahnhof erscheinen!« sagte der bartlose Herr mit dem graumelierten Schläfenhaar, zählte die aufgeschriebenen Namen zusammen, klappte seinen Aktendeckel zu und verteilte an die Engagierten gestempelte Ausweise.

»Erledigt!« sagte er zum Schluß, und wir konnten gehen. Hocherfreut, gespannt und begeistert fanden wir uns andern Tags ein. Nach Reichenhall ging es und von da aus zum Königssee. In dem dortigen Hotel Schiffmeister und in der nebenanliegenden Dependance wurden wir untergebracht. Es war schon Nacht. Die meisten holten sich Vorschuß und verzechten das Geld. Am andern Tag sollten die Aufnahmen beginnen. Vorläufig aber regnete es in Strömen.

Und es war anfangs Mai. Und es war saukalt noch. Und es war in der anderen Frühe nicht anders wie am Tag zuvor. Aufgeregt und brummig tappte der imposante Mensch, der uns engagiert hatte, mit einem kleinen Herrn in semmelblondem Sportkostüm vor den Fenstern des großen Speisesaals auf und ab. Sie schauten bald himmelwärts, bald wieder hinaus auf den traurig-grauen, regenüberschauerten Königssee, bekamen noch griesgrämigere Gesichter, schüttelten den Kopf und murrten über das Wetter.

»Ach, es wird! Es macht sich auf, meiner Söl (Seele)! Do, sehn S', do hintn wird's schon lichter!« tröstete der Imposante den quicklebendigen Kleineren und deutete auf einen dünnen blauen Streifen über den Bergen.

»Werrrden wir 'aben heite noch schönner Wetterr?« erkundigte sich der Kleine.

»Sicher! Sicher!« meinte der andere und drückte sein Monokel fester aufs rechte Auge. Er war schwungmäßig beieinander: Ein runder, oben flach eingedrückter grüner Sporthut mit breitem Band und einem mächtigen Gamsbart saß auf seinem Kopf. Wasserdichte, beneidenswert gut sitzende, braune Reitstiefel hatte er an, dazu eine Breecheshose, einen auffallend hellen Pullover und eine scharf taillierte Joppe, die er lässig offen trug. Jeder Zoll ein Kavalier, ein Weltmann.

»Meiner Söl, wann ich mich doch absolut in bezug auf die Wettervorhersag informiert hab'«, versicherte er abermals in wunderbarem Wienerisch. »Heit Nachmittag kann's losgehn ...« Alsdann setzten sich die zwei an den langen Prominententisch an der vorderen Fensterreihe, an dem es bereits heiter zuging. Eine ganze Reihe Weinflaschen standen drauf und pikante Frühstücke wurden serviert. Zwei Stars – eine auffallend kleine, mollige Person mit wuschligen Wasserstoffsuperoxydhaaren, dunklen Augen und einem ganz weiß gepuderten Geischt; die andere mit bräunlichem Teint, Rollaugen und dick geschminkten, aufgeworfenen Lippen, großen Ohrringen, hübsch busig, halbwegs zigeunerhaft-exotisch, dunkelhaarig und mit einer seltsam krächzenden Kehllautstimme begabt – saßen da zwischen meist schlanken, schicken Herren, die ihnen geschäftig den Hof machten.

»Also, Baron! ... Herr Graf ... Nein, Doktor!« flog grad so hin und her. Die beste Gesellschaft schien beieinander zu sein. Von Reitpferden, Rennen und Autos, von Nizza und weiß Gott was für feinen Dingen wurde geredet und natürlicherweise auch von Filmstars und dergleichen.

Wir Statisten hockten weiter weg an den hinteren Tischen, rauchten und tarockten, linsten auch ab und zu gelangweilt durch die Fenster in den Regen hinaus und warteten. Eine buntgemischte Gesellschaft waren wir. Lauter etwas abgefranste Existenzen: Intellektuelle, Maler und andere Arbeitslose. Teilweise vorstadtmäßig elegant, alle ausgemergelt und bleichgesichtig, jeder zurechtgeschniegelt und gewissermaßen auf den Glanz hergebürstet. Jeder tat selbstverständlich bewandert und wichtig, als hinge der ganze Film von ihm allein ab. Die meisten gefielen sich auch in prahlenden Aufschneidereien, machten Kartenkunststücke und erzählten vorteilhafte Anekdoten aus ihrem bewegten Leben und immer wieder hob sich so ein Gesicht und schaute voll Begier, respektbesessen und interessiert – mit einem Wort –, so eben, wie der mindere kleine Mann auf den ganz großen, auf den Prominententisch vorne.

»Du«, raunte ich meinem Freund Schrimpf zu: »Mich hast gern! Jetzt ist schon wieder mein ganzes Geld futsch! Da, glaub' ich, springt auch nichts 'raus dabei ...« Die ganzen ersten zehn Mark Vorschuß hatte ich versoffen und verfressen.

»Tja, mein Gott, wenn man Hunger hat«, brummte mein Freund ebenso verdrießlich. Wir stachen unvorteilhaft von allen anderen ab. Schwabingerisch schlampig war unsere Garderobe und wenig vertrauenerweckend unsere grämlichen Mienen.

»Also, alles antreten von der Statisterie! ... Alles oben Kostüme fassen! Alli! Alli!« erhob sich in diesem Augenblick der Imposante vorne und klatschte in die Hände. Bewegung kam in unser Rudel. Droben auf dem Gang mußte jeder vor seine Schlafzimmertür hinstehen, und wie beim Militär marschierten die eleganten Herren an unserer Front entlang und verteilten jeweils an jeden Kuh- oder Bärenfelle, Spieße, Halsketten, stinkige Perücken, Schwerter, Gürtel und Bastsandalen mit langen Lederschnüren, Bärte und altertümliche Armreife. In einem Zimmer hatte sich der Friseur installiert.

»Aber jetzt alli! Alli! Jeder muß fertig sein, wenn das Signal kommt! Aufnahme!« instruierte uns der österreichische Weltmann, wandte sich an einen zerfahrenen, hornbebrillten, krausköpfi gen Herrn und befahl: »Sie, Gutenberger, garantieren mir, doß ka Stockung eintritt!«

In kurzer Zeit verwandelten wir *und* der Friseur uns in seltsam klägliche Germanen aus grauester Vorzeit. Nämlich der beflissene Haarkünstler wollte nicht so sein – er präsentierte sich uns in seiner Kostümierung sozusagen als einwandfreies Musterexemplar. Er fuchtelte mit Kamm und Schere, mit Schminkstift und Leimpinsel herum als fellbekleideter alter Deutscher und rief fort und fort: »Sehn Sie, meine Herren, so was muß Schick haben! Schaun Sie mich an! Im Film kommt alles auf möglich echte Kostümierung und Maskierung an ... Verstehn Sie? Sie verstehn? Jawohl! Danke! Also der nächste.«

Es war gewaltig! Es war erschütternd, wie die weißen, spindeldürren, dichtblond behaarten Arme und Beine nackt aus dem Fellgewirr herauskamen. Der altmodische Zwicker saß auf der weinroten Nase dieses urgermanischen Schönheitsapostels und wackelte erregt.

»An der tadellosen Maskierung hängt so ein Riesenunternehmen, sag' ich Ihnen, meine Herrn!« belehrte er uns und tänzelte wie ein bis auf die Knochen abgemagerter, zerzupfter Menschenaffe um den Mann, den er gerade unterm Schminkstift hatte.

»Hier – einen Momang! –, hier noch eine starke Falte! Das Rothaar strulliger!« Er nahm den betreffenden Kopf in beide Hände, trat ein wenig zurück und musterte ihn prüfend, indem er immer und immer wieder auf dem Gesicht herummalte: »Da noch ein bisserl Braun!« Er wischte die aufgetragene Schminke mit dem Finger auseinander, bog sich, wand sich und war eine Wichtigkeit.

Ein alter Mann mit Spitzbart und Kneifer kam an die Reihe.

»Es ist kalt! Kann ich vielleicht … Verzeihung, Dr. Imlgast, mein Name, Herr Friseur!« stotterte er und deutete auf sein anbehaltenes Reformunterhemd. »Ich meine, man kann sich doch nicht den Tod holen, nich wahr, nich wahr!« Er nusselte an seinem Reformhemd herum, stülpte den Kragenrand ein: »Nich wahr, 's ist eine gefährliche Witterung?«

Er schaute mit seinen wasserblauen, tränenden Augen durch das Fenster. Es regnete zwar noch immer, aber es war doch schon bedeutend heller geworden.

»Na, ich versteh' … Ich versteh', mein Herr … Stellen Sie sich vielleicht etwas unsichtbar ins Gemenge, verstehn Sie!« flüsterte ihm der nachsichtige Friseur zu. Nach einer knappen Stunde erfüllte den kultivierten Speisesaal des Hotels Schiffmeister ein wildes Gevölke zottelfelliger Urgermanen. Die meisten rauchten Zigaretten, viele hatten ihre Hornbrillen oder Zwicker auf und etliche sogar ihre langen Unterhosen anbehalten. Vorne am Prominententisch sah man die Stars in flitternder Pracht. In hellwallendem Seidengewand mit einem sternverzierten Stirnband, so was wie eine Adelstochter oder Wotanspriesterin, bloß halt – bloß – gar ein bißl zu klein, das war die mollige Wasserstoffsuperoxydhaarige. Ihre Partnerin sah hexenhaft romantisch aus. Alles dunkel und dämonisch an ihr, mit einem Papierblumenkranz im strähnig herabfallenden Haar. Sie war mit einem Tamburin ausgestattet und schüttelte, nervös summend, dieses Instrument fortwährend. Alsdann kamen die zwei Haupthelden des Dramas – wie uns schien – der stattliche deutsche Edelingssohn Fritz Kampers mit seinen Glutaugen und ein magerer Blondling in römischer Kriegstracht.

Der Regen hatte aufgehört! Draußen erscholl ein Horngeblas. Aufgeregt kam jener kleine Mensch im semmelhellen Sportkostüm hereingerannt und kommandierte: »Allens rrraus! Snell! Snell! 'urtig!«

»Alli! Alli! Formiert, bitt' schön! Bitt' schön, formierts eich!«

empfing uns der monokelgezierte Weltmann und schaute immer auf das zerlesene Manuskript, das ihm der Regisseur hinhielt: »Szene vor der Hütte! Jawohl! Mir nach, bittä! Alles mir nach!« Wie eine ungeschlachte Rotte trotteten wir urtümlich hergerichteten Menschen hinter ihm drein. Der weiche Dreck auf der Straße ging uns bis an die nackten Knöchel, jammernd und schlotternd und frierend bewegten wir uns über eine regenversumpfte Wiese und versanken schier drinnen, dann ging's aufwärts zu einer verfallenen Almhütte.

»So jetzt – also snell, 'urtig F-feier anmachen!« gausterte der kleine Ausländer hin und her und brachte aus der Hütte dürres Reisig und Holz. Auch die Prominenten waren inzwischen angekommen.

Sofort setzten sie sich auf die morsche Holzbank unterm Vordach der Hütte und fingen an, ihre schweißzerronnenen Gesichter wieder zurechtzupudern und zu schminken. Aber kaum saßen sie halbwegs, da krachte die Sitzfläche und – patsch – saßen sie allesamt im nassen Dreck. Das gab einen begreiflichen Aufruhr. Die Stars kreischten und benzten, die Unternehmer gerieten ins Wirren, denn die Kostüme waren alle geliehen. Wir Statisten rissen Witze und lachten, vergaßen all unsere Aufgaben und der Regisseur bellte wie ein kleiner Kläffer auf uns ein.

»Bei dieser Nässe! Bei dem Schweinewetter!« beschwerten sich die Haupthelden. »Da kann doch kein Mensch richtig spielen!« sekundierten die Damen. Das angefachte Feuer verbreitete einen dicken, beißenden Rauch und jeder rieb sich die Augen. Alles geriet durcheinander. Weg war die Sammlung, radikal weg.

»Aba, bitt' scheen, meine Damen, schaun S' doch! Steht doch eh schon d' Sonn am Himml!« entschuldigte sich der imposante Österreicher. »Regenwetta, wenn gewesen wär', hätt' ich doch eh keine Aufnahme befohln!« Es kam endlich alles wieder ins Gleis. Wir mußten uns – Füße übereinander – um das Feuer hocken und der dämonische Star sprang tamburinfuchtelnd und wiegend tänzelnd zwischen uns.

»Loggen! Freeliche Gesiggder moggen!« plärrte der kleine Ausländer uns anspornend an. »Köpfe slenkern – 'in und 'er!« Er machte es uns vor. Er schlenkerte mit gewaltsamem Grinsen mit seinem Kopf: »So ... Immer Köpfe slenkern!« Der Photograph mit seinem ratternden Apparat nahm uns aufs Korn. Regisseur und Österreicher brüllten ihre Befehle, und unser dahockender Haufe wackelte mit den Oberkörpern und den Köpfen direkt martervoll hölzern hin und her.

Das dämonische Weib tänzelte und summte, und wir mußten sie von Zeit zu Zeit gewissermaßen gebannt anstarren.

»So! So! So gut!« feuerte uns der Österreicher an. »So, mit Charme! Bittä, feuriger!« Der Apparat arbeitete. Auf einmal sprang der kleine Ausländer wie gestochen in die Höhe: »'alt! 'alt! ... Dieser 'err – scheißlich – diesser 'err 'at Brille auf! Unmeglich! 'a-alt!!«

»Himmelherrgott! Raus da! Raus, Sie! ... Unerhört! Raus!« polterte der Regisseur das verschreckte Germanenmännchen unter uns an. »Und ein Unterhemd hat er auch noch an! Also, das geht doch nicht! Das ist ja unerhört!« Der Mensch in seinem Fell schlotterte weinerlich und entschuldigte sich wegen des kalten Wetters. Ein mordialisches Dröhnen donnerte ihn nieder.

Wieder ging's von vorne an.

»Lebhafter! Bittä, feurich! Mit Charme!« schrie der Österreicher. Aber so was von tölpelhafter Lahmheit, wie wir sie an den Tag legten, das war rein zum Auswachsen. Erst nach Stunden gelang diese Szene einigermaßen befriedigend.

»So! Nachmittags Schlacht!« verkündete der Spielleiter endlich. »Schlacht? ... Haut schon! Da wird's sicher zünftig!« sage ich zu meinem Freund, und nach dem Mittagessen stieg also die Schlacht.

Eine Rotte der Statisterie mußte oben am Bergabhang aus dem Wald brechen, die andere, geführt vom römischen Helden, sollte herunten vorüberziehen und überfallen werden. Ich gehörte zum oberen Haufen und freute mich schon auf die Rauferei. Fritz Kampers, der Edeling, war unser Anführer. Auf der Seite waren die Aufnahmeapparate aufgestellt und da stand – wenn man will – unser aller Generalstab. Der Österreicher pfiff schrill, der Regisseur schrie, der kleine Ausländer und die zwei weiblichen Stars verfolgten alles mit Spannung. Wir stürzten mit einem wilden Indianergeheul aus den Bäumen auf die überrascht Dahinziehenden. Schwerter blitzten, Schilder schlugen aneinander, aber leider – ich war der einzige, der richtig dreinhaute und saudummerweise meinen »Feind« verletzte, daß er schreiend aus der Reihe lief. Die anderen machten die Kriegführerei sehr unglaubwürdig. Immer dieses Schwertgezück, dieses Wildtun und Schreien und dabei doch steif – das war doch nichts.

Oder war es doch richtig so? Ich weiß nicht genau, denn, was glauben Sie, was mir passiert ist, grad eben wegen meinem Eifer? Der Herr Germane, den wo ich so zugerichtet hatte, blutete wie ein angestochenes Kalb und beschwerte sich bitter bei den Leitern. Die brüllten und fuchtelten wie irrsinnig, die Apparate mußten gestoppt werden, und ich wurde nach Strich und Faden zusammengeschimpft, weil – ja, weil ich's zu echt und dennoch falsch gemacht hatte und meinen Gegner grad im schönsten Aufnehmen sozusagen aus dem Bild herausgetrieben hatte.

Der Mann weinte und forderte Schadenersatz. Nasenbluten hatte er und eine Schramme auf dem Arm.

»Meiner Söölll, dieses Gewoitsame geht doch nicht, mein Herr! Aber, bitt' scheen, sehn Sie sich den Herrn an! ... Es ist doch alles bloß Gspül!« redete der Spielleiter auf mich ein. »Meiner Söl, wir haben doch kan echtn Krieg!«

»Ja, mein Gott! Es hat doch geheißen Schlacht!« verteidigte ich mich stotternd.

»Aba geh! Gehn S' zu! Sie wärn ja imstand und tätn ein abmurksn!« meinte der Österreicher und der Regisseur plärrte: »Unerhört! Der Kerl hat uns das ganze Bild versaut ... Das ist doch einfach schandbar! Fürchterlich! Idi-otisch!« Sein Gesicht war hochrot. Er belferte außer Rand und Band.

»Alles auseinander! Quatsch! Solche Leute kann ich nicht brauchen! Fort«! schrie er. »Die Verantwortung übernehme ich nicht! Das ist ja Kitsch! Wahnsinniger Kitsch!«

Jetzt geriet unser filmischer Generalstab aneinander. Der kleine Ausländer schimpfte, der Regisseur schmiß seine Arme schreiend, die zwei Stars redeten heftig und schließlich war es ein allgemeines Gewurl, sogar wir Statisten wetterten aufsässig.

»Schluß! Schluß jetzt!« erhob der Weltmann seine Donnerstimme und alles zog ins Hotel zurück.

»Wissen S' was!« schrie er mich an: »An Komiker könnten S' mochn, aba kan Statistn!«

Am andern Tag wurde eine Szene gedreht, so was wie ein Gericht. Die Dämonische lag gefesselt zu Füßen des römischen Helden. Der wiederum hatte seinen einen Arm um die wuschlköpfige Germanin gelegt und den andern auf den Schwertknauf gestützt. Im weiten Halbkreis standen wir Krieger hinter ihnen und vor uns führte ein Königsseer Bauer einen Ochsen an einem langen Seil daher. Auf den Ochsen war der besiegte Kampers gebunden.

»Also, obacht geben!« belehrte uns der Spielleiter. »Ganz starr und finster dreinschauen und beilaifig ab und zu nicken ... Zustimmend, verstehen S' ... Bittä, schnalzen S', Herr, schnalzen S'!« Ein anderer Königsseer schnalzte mit der Geißel hinter dem Ochsen. Das Vieh fing zu laufen an. Es klappte wunderschön!

»Fein! Sehr schön!« freute sich der Österreicher schon und da – auf einmal klatschten wir alle. Wieder gab es Krach. Zum zweitenmal gelang es überhaupt nicht mehr, denn der Ochs – störrisch geworden – warf den Kampers herab und schleifte ihn. Aus war es.

»Ist ja direkt frevelhaaft! Einfach haarsträubend mit solchernen ungeübtn Kräftn oaweitn (arbeiten)«, klagte der Spielleiter. »Meiner Söl, eine Schand is so was!«

Befehl zum Heimmarsch wurde gegeben.

»Sie können heimfahren ... Wir brauchen Sie nicht mehr!« sagte der aufgebrachte Wiener Weltmann zu jedem. Wir blieben aber doch noch über Nacht, und am andern Tag wurde die Schlacht mit Reichenhaller und Königsseer Gebirgsbauern inszeniert. Es sah alles täuschend echt aus, aber die Leute rauften und schlugen auch wirklich zu und Blut floß wie bei einer Kirchweihraufrei. Das begeisterte mich derart, daß ich einfach hinlief und wie toll ewig losschrie: »Hau zua! Hauts zua! Nix, ois wia dreing'haut!«

Was hinwiederum bewirkte, daß die Bauern immer noch wilder kämpften. Die Filmleiter schrien wie besessen, ich sollte machen, daß ich weiterkomme, aber ich war nicht zu bändigen und außerdem verstand man kein Wort mehr. Ein wüstes Raufen wurde zuletzt aus dieser Schlacht und – wahrhaftig – die ganze Leitung ergriff schließlich die Flucht. Auf das hin habe ich es für ratsam gehalten, sofort abzufahren.

»Lussandra« sollte der Film geheißen haben, aber er tauchte nie auf einem Spielplan der Kinos auf.

Nachdem ich wieder in München bei meinem Freund Schrimpf auf dem Atelier saß, meinte ich resigniert: »Noja, zehn Mark sind mir doch übrigblieben, aber ich glaub', daß ich als Statist ausgespielt hab' ...«

Hingegen – mitnichten. Ungefähr einen Monat drauf meldete ich mich mit meinem Freund abermals auf ein Inserat hin bei derselben Filmgesellschaft und – wer beschreibt mein Staunen – der imposante Weltmann aus Österreich erkannte mich sofort wieder. Ich zitterte und ließ alle Hoffnung fahren. Aber –!

»Also, Sie sind ja eingtli eine Numma für sich ... Diesmal können Sie mir als ungarischer Bauer nix mehr verpfuschen!« sagte der Spielleiter gemütlich und – nahm mich. Holla, ich war also schon aufgefallen! »Oskare«, sagte ich mir hoffnungsfreudig: »Oskare, vielleicht ist's gleich gar dein Glück!«

Dieses Mal wurde das große historisch-romantische Drama »Zlatorog« nach dem gleichnamigen Gedicht von Rudolf Baumbach inszeniert. Und zwar in Garmisch. Wir liefen den ganzen Tag in langen leinenen ungarischen Hirtenhemden herum. Um den Bauch eine rote Schärpe, auf dem Kopf ein rundes dunkles Hütl und ein kurzer Janker vervollständigten unseren Habitus.

Zuerst, daß ich's gleich sag', fiel ich dadurch auf, daß ich das Hemd, weil es mich beim Gehen etwas hinderte, einfach in meine Hose stopfte und so natürlich auffallend dick um Bauch und Gesäß wurde.

»Sehn ja aus wie eine schwangere Frau!« rügte mich der Regisseur.

Zweitens – beim Laufen durch das Dorf (weiß ich, wir mußten eine wilde Flucht markieren) fiel ich einmal gestreckterlängs in den Dreck. Alle lachten, und die schöne Aufnahme mußte wiederum gedreht werden. Dieses Hinfallen hingegen interessierte den österreichischen Spielleiter, und ich mußte es auf einmal zwei-, dreimal vormachen. Hol's der Teufel, es gelang mir aber gar nicht mehr echt und was erbte ich dabei?

Dreck und wieder Dreck um und um, alsdann aufgeschürfte Schienbeine und zerkratzte Hände.

Immerhin, man war also doch aufmerksam geworden auf mich. Mein Stolz stieg. Ich steckte mir unauffällig einen kleinen Tannenzweig auf den Hut vorne, direkt übers Hirn. Denn ich wollte mich im Film später doch sehen!

Es kam eine Szene auf der Brücke. Schrimpf und ich als harmlose Hirten mußten grad drübergehen und plötzlich erschrocken stehen bleiben. Vor uns sprang die Heldin ins Wasser. Freilich war's bloß eine Puppe.

»Also gut! Alli! Alli!« befahlt der Spielchef.

Wir setzten uns in Gang.

»Stehenbleiben!« schrie es uns vom Ufer entgegen. Wie eine Kanone zielte der Aufnahmeapparat auf uns.

Ich mußte auf einmal schüttelnd lachen.

»Nik loggen! Nik loggen!« verbat mir der kleine fuchtelige Ausländer. Die Puppe sank schleudernd in die Loisach.

»Erschrocken sein! Marsch! Schrecken! Schrecken!« brüllte es vom Ufer her. Wir warfen die Arme, rissen Augen und Mäuler auf, a-a-aaaaber ich mußte lachen, einfach berstend lachen. Der filmische Generalstab tobte. Ich gestikulierte und konnte das humoristische Gefühl in mir einfach nicht mehr bändigen. Um alles in der Welt nicht.

»Stopp! Stopp!« schrie der Österreicher dem Photographen zu. Er rannte auf die Brücke.

»Ja, Himmel und Stern! Warum lachen Sie denn so blöd! Wos is denn!?« fuhr er auf mich los.

Ich lachte.

»Irrsinnig?« wandte sich der Imposante an Schrimpf, der – angesteckt von mir – jetzt auch schon zu lachen anfing.

»Herrgott! Meiner Söl, san s' denn idiotisch wordn!« brüllte der Spielleiter. »Warum lachen S' denn?«

»Weil – weil – « schmetterte ich atemlos und deutete in die Loisach: »Da, da schaun S'...«

Am Ufer wurde der Lärm erschreckend. Der Spielleiter glotzte in das Wasser. Die vermeintliche Puppe – fuchtelte und schwamm wüst arbeitend auf das Ufer zu. Nämlich, wir hatten abends zuvor einen unter uns gefunden, dumm wie die Nacht finster, dem hatten wir vorgemacht, wenn er sich wirklich als Puppe ins Wasser schmeißen läßt und schwimmt 'raus, das bringt ihm sein Glück als Filmmann, als Star, als hochbezahlte Nummer.

»Also – da – hört – sich doch alles auf, meiner Söl!« sank der Österreicher fast um.

»Und dös Rindviehch schwimmt, schwimmt! Sehng Sie's! Wunderbar!« konnte ich meine Fidelität nicht mehr halten.

Auf das hin bin ich sofort weitergejagt worden. Wie gesagt – »Komiker« hat mich der Spielleiter geheißen – ich glaub' fast, dazu hätten meine Anfänge Anlaß gegeben.

## ... ein politischer
## an den Nachfolger Stresemanns

Titliche Hochwohlgeboren Exzellenz!

Jetzt, wo der allerseits beliebte Stresemann gestorben ist und folgedessen sein gutbezahlter Posten für Ew. Hochwohlgeboren frei wird, möchte ich als mitterner Provinzschriftsteller, den wo die Politik schon oft interessiert hat, mit meiner vorhandenen Meinung an Sie alleruntertänigst herantreten. Weil ich ein guter Katholik und richtiger deutscher Mann bin, der wo allzeit mit dem Volk einen intimen Verkehr pflegt, so möchte ich Ihnen allerhand mitteilen, das wo vielleicht für Ew. Hochwohlgeboren von Nutzen ist.

Ich meine nämlich, das ist sehr schön gewesen vom Stresemann selig, daß er ewig für den Frieden gearbeitet hat, wie es die Zeitungen geschrieben haben. Aber das hat unsere Bevölkerung hinwiederum in keiner Weise befriedigt. Den Frieden sieht man nicht recht, meine ich. Er ist so eine ruhige und undeutliche Sache und hat gar keine Abwechslung nicht. Schon in der Schule aber haben wir immer gelernt, was für große Leute *die* Fürsten gewesen sind, die wo in einem fort Krieg geführt haben, die friedlichen hingegen sind nicht feiner weggekommen. Von ihnen haben wir fast nie was gehört.

Folgedessen meine ich, das mit diesem Frieden heutzutag, das wird sich auch nicht halten können. Es macht auch gar nicht beliebt, wenn einer dafür ist.

Darum – ich sag' es grad heraus – Ew. Hochwohlgeboren, schauen Sie, daß wir baldmöglichst wieder einen richtigen Krieg kriegen, sonst ist Ihr Renommee alsbald beim Teufel, wenn eins vorhanden ist.

Das wird, wo wir jetzt einen Völkerbund haben, welcher so was regelt, doch nicht so schwer sein!

Titliche Ew. Hochwohlgeboren! »Neue Besen kehren gut«, heißt das Sprichwort, darum bin ich so frei und teile Ihnen mit, richten Sie Ihnen darnach. Machen Sie das Gegenteil vom Stresemann selig, machen Sie unbedingt auf vielseitiges Verlangen wieder einen Krieg!

Ganz sicher haben Sie schon bemerkt, daß man bei unserer Bevölkerung noch immer das Militär sehr mag. Und grad jetzt, weil es uns durch den Versailler Vertrag verboten ist und unser Wehretat ewig gestutzt werden soll, jetzt ist man erst recht auf das Militärische aus bei uns. Selbstredend aber: Militär und wieder Militär, das muß doch auch wieder eine Beschäftigung bekommen. Infolgedessen möchte ich Ew. Hochwohlgeboren alleruntertänigst unterbreiten, daß Sie unserem tatenmutigen Volke den langersehnten Wunsch erfüllen und Krieg machen, damit endlich eine Ruhe wird.

Ich meine auch, mit dem Völkerbund laßt sich in dieser Hinsicht schon reden. Wenn man den Herren beibringt, sie brauchen nicht mitmachen, dann sind sie gewiß dafür.

Es brauchts auch gar keine Kriegserklärung nicht mehr, meine ich. Die Leute, die wo gern einen Krieg möchten, müsste man halt einfach in die Wüste Sahara schicken. Da können sie alsdann umeinanderschießen, wie sie mögen und so lang, wie eine Lust vorhanden ist. Das ist doch ein Vorschlag, wo leicht zu machen ist und vielleicht kann man da sogar eine einträgliche Zuschauerfrequenz aus allen Ländern hervorrufen. Deshalb bitte ich nochmals, Ew. Hochwohlgeboren, titl. Exzellenz, sorgen Sie für einen solchen Krieg.

Indem daß ich gern bereit bin, diese Idee durch meine bewährte und allseits geschätzte Schriftstellerei zu verbreiten und auch meine Kollegen vom gleichen Fach dazu animiere, zeichne ich

huldvollst und untertänigst
Oskar Maria Graf.

## ... und ein privater an das p. p. Publikum

Der Verlag der Übersetzung meines Buches »Wir sind Gefangene« in Amerika schickte mir neulich einen umfänglichen Fragebogen. Ob ich Telephon habe und ob von meiner Frau gesprochen werden sollte, wie groß ich sei und dergleichen wünschte man zu wissen. Unter anderem wurde auch Auskunft verlangt, was meine Lieblingsbeschäftigung sei. (Oder heißt es »wäre«?)

Wahrheitsgemäß antwortete ich: »Tägliches Essen von Schweinsbraten mit Gurkensalat und Knödel.«

Verehrliche Käuferschaft meiner Bücher! Sie werden lachen, aber es ist wirklich die reine Wahrheit, was ich da sagte. Ich habe überhaupt herausgefunden, daß man mit der Wahrheit viel bequemer lebt. Man kann alles schreiben, selbst das Anstößigste und Verletzendste. Die Leute nehmen das als humorvoll auf und glauben's womöglich nicht.

Um nun aber meine eben erwähnte Lieblingsbeschäftigung täglich ausführen zu können, brauche ich auch dementsprechende Einnahmen. Darum bitte ich Sie, verehrte Herrschaften, inständigst – man will doch schließlich auf dem laufenden sein, will dicke Gelder einnehmen und seine Kundschaft in jeder Weise befriedigen! – bitte ich Sie also: Teilen Sie meinen Verlagen Ihre speziellen Wünsche in bezug auf Sujet, Ausführung und Tendenz meiner ferneren Werke mit.

Postkarte genügt.

Ich bin nun 36 Jahre alt, also in der Blüte meines sogenannten Schöpfertriebes, habe bereits eine bekömmliche Fettschicht angesetzt, verfüge über einen geübten, vielgerühmten und immer wirksamen Humor und glaube infolgedessen, Sie vollauf zufrieden stellen zu können.

An die besonders geehrten Herren Rezensenten und Kritiker meiner Bücher noch ein vertrauliches Wort:

Bitte, loben Sie meine Erzeugnisse nicht immer so! Ich habe mit der Zeit gemerkt, daß so was geschäftlich nicht ertragreich ist. Ein Buch, über das möglichst laut und heftig geschimpft wird, kauft das p. p. Publikum viel mehr.

Also bitte, schimpfen Sie! Verreißen Sie meine Bücher! Denn wenn das so fort geht mit Ihrem ewigen Lob, dann bin ich ein ruinierter Mann!

Und bedenken Sie doch: »Schweinsbraten mit Gurkensalat und Knödel!«

Ich verbleibe devotest ganz
Der Ihrige.

## Mein erster Vortrag

Als kaum siebzehnjähriger Lausbub bin ich von zu Hause weg. Älter bin ich wohl geworden inzwischen, aber – unrühmlich sei's gestanden – derselbe Lausbub bin ich geblieben. Freilich ohne das Niedliche, welches man sich gemeiniglich dabei vorstellt. Im Gegenteil: Ich glaube, daß meine mehr unfreiwilligen Streiche den meisten Leuten auf die Nerven gegangen sind. Aber, ich weiß nicht wieso und warum, es war einfach immer so: Was an mich auch herankam, alles endete irgendwie belustigend für mich. Niemand kann aus seiner Haut heraus. Ich wasche unschuldsvollst meine Hände in dem Bewußtsein, es eben nie so schlimm gewollt zu haben.

Da fällt mir beispielsweise meine erste Vortragsreise ein. Das war im November anno 1921. Ich war nach langer Zeit wieder einmal in Berlin. Mein erstes Buch sollte dort herauskommen.

Als ich von München weggefahren war, hatten mir einige Schwabinger Bekannte, die in Hannover zu Hause waren, versprochen, in ihrer Heimatstadt einen Vortrag für mich zu arrangieren. Sie hielten auch Wort. Eines Tages bekam ich in Berlin ein Telegramm: »Alles besorgt. Gleich abfahren. Übermorgen Vortrag.«

Ein Eilbrief erreichte mich etliche Stunden drauf. »Plakate kleben seit vorgestern. Wohnen kannst du bei meinem Schwager. Er ist hier sehr angesehen. Wir holen Dich vom Bahnhof ab. Fahre aber, bitte, sofort ab«, hieß es darin.

Nun ist es aber bei mir immer schon so gewesen: Kursbuchlesen kam mir vor, wie eine verzwickte mathematische Rechnung entziffern. In die Eisenbahn setzte ich mich seit jeher auf gut Glück. Mußte ich umsteigen, verwechselte ich stets die Züge. Einmal sollte ich nach Berlin, dummerweise aber landete ich damals in Frankfurt, fand es alsdann dort auch ganz schön und kam mit Ach und Krach nach zirka einer Woche wieder in München an.

Damals in Berlin nun sah ich viele alte Freunde wieder, locker gewordene Beziehungen wurden wiederaufgenommen, richtig warm wurde ich mit der Zeit in dieser Millionenstadt, und es gefiel mir so gut, daß mir das Hannöverische Telegramm gar keine Freude machte. Und überdies – weiß der Teufel, ob ich überhaupt dort richtig ankam!

»Dumm! Saudumm!« klage ich meinem Freund Pegu, der dazumal gerade als Wanderbursch herumvagierte und mich in Berlin traf.

»Weißt du was? Fahr' mit!« trug ich ihm an. »Die Fahrt bis nach München wird mir sowieso ersetzt. Hin und zurück ... Außerdem gibt's noch das Vortragshonorar, da kommen wir wunderbar aus!«

Mein Freund schlug bedenkenlos ein. Auf der Stelle schickten wir ein Telegramm nach Hannover: »Ankomme heute abend mit Kammerdiener. Unterkunft mit zwei Betten besorgen.«

Wir liefen noch herum und borgten Geld für Fahrkarten. Mittags saßen wir bereits im Zug, verzehrten vorläufig einmal alles, was wir in Berlin an Eßbarem gekauft hatten und setzten uns alsdann wie waschechte Kavaliere in den Speisewagen. Wir fielen etwas auf. Denn wenn auch ich einigermaßen kultivierter angezogen war – mein Freund trug eine Manchesterbluse und eine ebensolche Hose, hatte kein Hemd an und keine Kopfbedeckung, außerdem steckten seine nackten Füße in sogenannten Barfußsandalen, die nur aus einer Sohle und Lederriemen bestanden. Man hätte ihn für einen Naturapostel halten können, aber – da er schon frühzeitig eine ziemliche Glatze hatte – seine schütteren Haare waren millimeterkurz geschert. Im übrigen rauchten wir, was das Zeug hielt und vertranken unser letztes Geld mit der nonchalantesten Gleichgültigkeit.

»Du glaubst, wir kommen sicher an?« erkundigte ich mich hin und wieder und deutete unsicher durchs Fenster. »Da – jetzt fahren wir ja direkt schnurgerade südwärts. Ich lach' ja, wenn wir plötzlich in München aussteigen.«

»Verlaß dich drauf, Oskar! 's ist ein direkter Zug«, tröstete mich mein weltgewandterer Freund und lächelte barmherzig.

Ich war baß erstaunt, als es tatsächlich stimmte. Diejenigen aber, welche uns in Hannover erwarteten, waren noch verwunderter. Elisabeth – ebenjene Schwabinger Kunstgewerblerin, die meinen Vortrag erwirkt hatte – stand mit ihrem baumlangen, fortwährend genierten, schwarzhaarigen Mann da und rettete sich wenigstens noch in ein verzeihendes Lächeln.

»Na, es wird schon werden ... Das ist ja originell!« sagte sie und betrachtete uns nicht weiter mißliebig.

Hingegen da stand ein untersetzter, etwas dicklicher Mann mit weißem Gesicht und einem Schnurr- und Spitzbart à la Napoleon III., in dunklem, sauber gebürstetem Samtkragenüberzieher und einem schwarzen, steifen Hut auf dem Kopf; und wiederum hingegen da stand dessen Frau mit sauersüßer Miene, absolut honett bürgerlich angezogen, bieder durch und durch.

»Mein Schwager, meine Schwester!« stellte Elisabeth vor, und die zwei maßen uns schier wie ekelerregt.

»Freut mich! Freut mich außerordentlich, Herr Gastgeber!« stellte ich mich und meinen Freund vor.

»Sie müssen entschuldigen – mein Kammerdiener besorgt die geschäftlichen Dinge für mich.«

Elisabeths Mann kratzte sich fort und fort an der Schläfe. Peinlich berührt schüttelte er ab und zu den Kopf.

»Nun kommt schon ... Bei uns könnt Ihr essen!« stupste uns Elisabeth vorwärts. Ein wenig wortkarg verließen wir den Bahnhof.

»Es ist jetzt sechs Uhr! ... Na, nach dem Vortrag sieht man sich ja«, verabschiedete sich der Schwager. Desgleichen seine Frau.

»Mensch! ... Mensch, Oskar, was hast du denn da wieder jemacht! Na, ich danke schön! Unser Schwager ist ja schwer pikiert«, meinte Leo, Elisabeths Mann. Sie aber, dieses unvergeßlich blond-lustige Geschöpf, redete alle seine Einwände nieder. Sie fand diese Abwechslung höchst amüsant. Sie zeigte uns die großen Plakate an den Säulen. Ich strahlte, als ich meinen Namen so groß gedruckt sah.

»Und den schönsten Saal haben wir ... Den Rathaussaal!« sagte Elisabeth. »Pickfein! «

»Du bist ein Goldkind!« belobigte ich sie.

Leo indessen meinte zweiflerisch: »Na, wenn bloß man die Kosten rauskommen, können wir von Glück sagen ...«

»Freilich – kennen tut deinen Namen hier niemand«, klärte mich Elisabeth auf. »Aber – es wird schon werden!« Sie war ein Optimismus und steckte an. Das Vorstellen und Essen bei ihren Eltern verlief steif, aber doch gezwungenermaßen liebenswürdig. Ab und zu, bemerkte ich, sah Elisabeths Mutter fragend auf die Tochter, als wollt' sie sagen: »Na, nette Bekannte hast du! Dichter? ... Hm, Landstreicher sind das.« Der alte, ergraute Vater machte eine undurchdringliche Miene. Pegu und ich befleißigten uns der größten Bescheidenheit, was uns in Anbetracht unserer überreichlichen Sättigung während der Bahnfahrt nicht weiter schwer fiel.

»Wir werden natürlich auch kommen!« sagte zum Schluß Elisabeths Mutter und ihr Mann nickte.

»Wird mir eine ganz eine große Ehre sein, gnä' Frau«, quittierte ich jovial geschmeichelt. Wir zogen uns in Elisabeths Zimmer zurück und unterhielten uns noch ein wenig.

»Fünf-, na, siebenhundert Personen faßt der Rathaussaal bestimmt«, meinte Elisabeth.

»Wat? ... Fünfzehnhundert!« bestritt ihr Mann. Mir wurde ein wenig schwummelig. Pegu lächelte halbwegs und brümmelte: »Na ja, wenn so zwei bis drei Prozent kommen? Immerhin ...«

»Quatsch! ... Wir haben doch so Propaganda gemacht!« ärgerte sich Elisabethchen ein wenig. Sie musterte uns wieder und lachte hellauf: »Wunderbar! ... Mein s-steifer S-schwager und Ihr als seine Gäste!«

Wir rüsteten uns zum Vortrag. Pegu suchte meine Manuskripte aus und trug wie ein echter Kammerdiener meine Mappe. Wir gingen durch die dunkle, wenig lebhafte Stadt und stiegen schließlich Steintreppen hinan, befanden uns am Ende in einem riesenhaften Saal mit langen, gähnend leeren Stuhlreihen, wir schlüpften in das »Künstlerzimmer« hinter der Bühne und warteten. Elisabeth wurde nervös, ihr Mann kratzte sich unablässig an den Schläfen, Pegu legte hin und wieder das Ohr an die Tür und sagte: »B-bssst! Ich hör', es kommt einer!«

Leo ging in den Saal hinaus, blieb lange und kam endlich wieder. »Es sind bis jetzt vierzehn Leute da«, meldete er.

»Hm! Aber es kommen sicher noch welche! S-sicher!« tröstete Elisabeth sich und uns.

»Aber es ist bereits halb neun Uhr«, meinte Leo. Er ging wieder. Ein Diener kam und erkundigte sich diskret, ob ich nun anfangen wolle, Wasser sei schon auf dem Vortragstisch.

»Ja, bitte ... Wieviel Leute sind denn jetzt da?« fragte ich.

»M-hm, ungefähr zwanzig Personen ... Zwanzig S-stück!«, gab er Auskunft, und Elisabeth wurde blaß. Stumm ging sie in den Saal hinaus.

»Na, mach's gut«, sagte sie, bevor sie die Türe zuzog. Dreiviertel neun Uhr wurde es. Leo kam und drängte zum Anfangen. Pegu gab mir die Mappe, ging und ich erschien kurz drauf auf dem Podium. Der Anblick war – ja, wie war er eigentlich? Ich mußte plötzlich lachen. Es war zu seltsam!

Ganz hinten saßen etwelche, in der Mitte, weit auseinander, wieder fünf oder sechs und ganz hervorne Elisabeths Eltern und Verwandten. Jeder hatte sich genau auf den Platz gesetzt, den seine Eintrittskartennummer bezeichnete. Einen Moment sahen alle gespannt auf mich. Ich mußte noch mehr lachen, setzte mich, lachte wieder – aaaber alles blieb steif, fast beleidigt stumm. Nur Pegu in der ersten Reihe gluckste in sich hinein.

»Wollen sich die Herrschaften, bitte, etwas familiärer zusammensetzen ... Wir sind ja ganz unter uns«, sagte ich belustigt. Nichts zu machen, die Leute glotzten zögernd. Ich winkte den Hintersten mit der Hand: »Na, ein bißl weiter vor, Herrschaften ... Es kostet nicht mehr deswegen! Gehn S' nur vor!« Stockstumm und unbeweglich blieb es. Ich brach in ein höllisches, dröhnendes Gelächter aus. Es schallte im hohen, weiten, gähnend leeren Raum wie das Gurgeln eines Wildbaches. Kein Hannoveraner verzog den Mund.

»Na, nacher lesen wir halt!« sagte ich endlich und trug lyrische Gedichte vor. Aber mitten drinnen mußte ich wieder lachen, es schüttelte mich, ich konnte nicht anders, brach plötzlich schnaufend ab und las irgendeine lustige Episode aus meinem Leben. Ich brüllte, ich fuchtelte, ich lachte – es war, als beredete ich eine tote Wand. Ich sah auf einmal in die weit verstreut dasitzenden Leute hinein. Es kam mir alles so dumm, so irrsinnig vor. Meine Lippen plapperten wie mechanisch. »Schluß!« sagte ich auf einmal und schnellte in die Höhe. Prompt kam das kärgliche Klatschen und würdevoll gingen die Besucher aus den Bankreihen, zur Garderobe hinaus.

»Wir warten auf der Straße!« rief mir Elisabeth halb flüsternd zu und zuletzt saß nur noch mein Freund Pegu lächelnd da, räkelte sich in die Höhe und schaute ironisch auf mich.

»Da stehst du machtlos vis-à-vis!« sagte er lustig. »Gelesen hast du wie eine meckernde Ziege ... Ich hab' Leibschmerzen vor Lachen.«

»Heiliger Bimbamus! Sowas von Ernst hab' ich mein Lebtag nicht gesehen!« antwortete ich und ging mit ihm ins Künstlerzimmer. Da stand schon ein Herr – ganz zugeknöpft und ernst – und bezahlte Reisekosten und Honorar aus.

»Hat's gefallen?« fragte ich übermütig.

»O doch! Doch! Es war sehr interes-ssant«, sagte der und verabschiedete sich.

»Was tun wir. Hauen wir gleich ab oder bleiben wir bei dem steifen Schwager über Nacht?« wandte ich mich an meinen Freund. Der zuckte mit den Achseln.

»Geld haben wir ja! « meinte ich.

»Bleiben wir schon! Dem Elisabethchen können wir doch keinen Verdruß machen«, beschloß endlich Pegu die Debatte.

Auf der Straße trafen wir nur noch Elisabeth und ihren Mann. »Mein Schwager und meine Eltern sind heimgegangen ... Leo bringt euch nach Haus«, sagte sie. Wir tranken bis tief in die Nacht hinein und wurden ausgelassen lustig.

»Na, du wirst ja was erleben morgen ... Mein Schwager ist sehr geizig ... Sicher lassen sie sich gar nicht sehn, aber pass' auf, auf dem Tisch steht das Frühstück sehr reichlich ... S-speck und Honig und Weißbrot und Schwarzbrot, alles ... Bloß ist alles genau angezeichnet, damit man sieht, wieviel ihr esst«, erzählte sie.

Wir schliefen göttlich gut und am andern Morgen war alles, wie sie prophezeit hatte. Ihre Schwester wünschte uns einen guten Morgen und führte uns in das behaglich geheizte Wohnzimmer. Sie entschuldigte sich und ging.

Wunderbar war gedeckt. Der Kaffee duftete. Der Speck, die Butter – alles war so einladend. Wir taten uns keinen Zwang an und vertilgten das meiste. Aber alles eben doch nicht.

Mir kam plötzlich, als die Kanarienvögel in ihrem Bauer auftrillerten, eine skurrile Idee.

»Weißt du was! Wir müssen unserm holden Gastgeber doch ein kleines Andenken hinterlassen!« sagte ich und flüsterte hastig: »Bist du fertig? ... Ja? Können wir gleich abhauen?! Gut! « Ich nahm einen

Stuhl, stieg drauf und öffnete das Vogelhaus. Tririlierend flogen die Vögel heraus. Auf und davon liefen wir. Bis Würzburg fuhr Pegu mit. Noch da angekommen, hatten wir Lachkrämpfe.

Elisabeth selber hat uns unsern Streich nicht übelgenommen. In Hannover aber hat sich seither nichts mehr gerührt von wegen Vortraghalten.

Immerhin erfuhr ich, daß die ausgelassenen Vögel alles auf dem Tisch Übriggebliebene zerpickt haben und wahrhaft erschütternd wirkten, wirklich! Nicht so etwa wie meine herausgelachten »Dichterworte«.

## Ein Dichter wider Willen

Also Menschen gibt es, sag' ich Ihnen, Menschen, welche vom Glück förmlich verfolgt werden. Denen es gleichsam auf Schritten und Tritt nachläuft wie ein herrenloses, verlassenes Hündchen, das fort und fort winselt: »Nimm mich doch, bitte! Bitte, bitte, nimm mich doch!«

Schließlich, ja, so ein Mensch läßt sich durch dieses Gewinsel immer wieder erweichen, warum auch nicht! Er greift zu. Er nimmt gewissermaßen das arme Hündchen zu sich. Mit der Zeit aber kann eine derartig fortdauernde Glücksgunst lästig werden. Lästig – oder sagen wir in bezug auf das Hündchen: Es entpuppt sich manchmal als nicht ganz stubenrein.

Sehen Sie sich meinen Freund Trausig an. Er ist so ein »Verfolgter«. Ein netter Kerl, ein reizender Mensch, dieser Trausig! Man mag ihn schon gern, wenn man ihn zum erstenmal sieht. Er hat auch wirklich alles an sich, was einen jungen Mann – älter als fünfundzwanzig ist er sicher nicht, ich habe ihn aber noch nie gefragt – liebenswert macht. Er sieht stets gepflegt aus, hat natürliche, bescheidene Manieren und ein weiches Herz. Seine Stimme klingt glockenhaft dunkel und wohltuend pastoral, aber trotzalledem männlich. Er hat große träumerische Augen, zarte Pausbäckchen im blassen, melancholischen Gesicht und kultivierte Hände. Seine Eltern waren einst vermögend. Er verlebte eine schöne Jugend und hat auch etliche Semester studiert. Später aber starben Vater und Mutter rasch nacheinander, und die Inflation verschlang die Hinterlassenschaft. Seither lebt Trausig vom Stundengeben. Er kann halbwegs Englisch, spricht ein salonfähiges Französisch, weiß auch im Italienischen ein wenig Bescheid, spielt Geige und Klavier und liest gern tagelang. Er ist arm, sehr arm, jawohl – niemand aber wird bei ihm auf einen solchen Gedanken kommen, im Gegenteil. Trausig macht stets einen eleganten, besser gesagt, einen bestechend geschmackvollen, soliden Eindruck und jammert nie über seine Not.

Er ist schlank wie ein gut gewachsener Berufstänzer und er tanzt auch wirklich gut. Man sieht ihn gern in jeder Gesellschaft. Er stört nicht, drängt sich niemandem auf und vor allem, wo immer er auch auftaucht, macht er ein gutes Bild. *Das* vielleicht nimmt so sehr ein *für* ihn. Wahrscheinlich hat er wegen dieser vornehmen Bescheidenheit überall soviel Glück, bei Frauen und Männern gleicherweise. Aber, wie gesagt, er nützt es nicht aus, dieses Glück. Er bleibt fort und fort Trausig. Ernst Nepomuk Trausig, ein Träumer.

Voriges Jahr jedoch lernte er bei einer Einladung einen jungen, sehr reichen, etwas spleenigen Baron kennen. Uraltes Geschlecht, Klasse I a, sag' ich Ihnen. Dieser junge Mensch, erfuhr man, sollte sich auf Wunsch seiner Eltern nichts anderes als »den Wind der Welt um die kaum trockenen Ohren wehen lassen«. Mit ihm wurde Trausig sehr bald gut Freund. Der Baron machte Autotouren mit Trausig, lud ihn oft und oft zum Essen ein, verbrachte viele Abende mit ihm, und eines Tages kam Ernst Nepomuk unerwartet zu mir. Er hatte heftig gerötete Flecken auf seinen blassen Backen und schien zum erstenmal, seit ich ihn kannte, etwas aus der Fassung geraten zu sein.

»Na, was sagst du«, begann er eine wunderbare Erzählung: »Der Baron mäzeniert mich!« Er tupfte mit dem Taschentuch die Schweißperlen aus seinem Gesicht.

»Was?« staunte ich ihn an. »Was? Mensch, Glück hast du, Glück, na! «

Aber Trausigs Gesicht sah gar nicht danach aus. Seine Augen waren eher hilflos.

»Er ist einfach ein hochanständiger Mensch, eine Perle!« lobte er den

Baron und – neugierig, wie ich nun schon einmal bin – fiel ich mit der Frage auf ihn her: »Na, warum gibt er dir denn eigentlich das Geld? ... Wie ist denn das eigentlich gekommen?« Das aber machte meinen Freund noch verlegener. Er senkte den Blick, er sah buchstäblich aus wie die schämige Unschuld vom Lande und fand nicht gleich das Wort.

»Na, Mensch, das muß doch irgendeinen Grund haben!« half ich ihm.

»Grund? ... Grund! Natürlich hat es einen Grund«, rückte er endlich mit der Sprache heraus und schaute unsicher auf mich: »Stell dir vor, neulich kommt er ganz unverhofft zu mir und sieht, wie ich grad in mein Tagebuch schreibe ... Er geht an den Tisch, überfliegt die halbe Seite und fragt ganz naiv, ob ich dichte ... Dichten, sag' ich und muß ein wenig lachen, hm, eigentlich nicht ... Mir macht's bloß Spaß, hie und da meine Eindrücke niederzuschreiben ... Er schaut mich an und fragt – du kennst ihn ja zu wenig, er kann so rührend nett fragen –, fragt schlankweg: Hätten Sie Lust, Schriftsteller zu werden? ... Ich war direkt verlegen und hab' gemeint: Tja, Lust schon, aber, mein Gott, es geht eben nicht ... Warum eigentlich? fragt er und naja, naja, da hab' ich die Achseln gezuckt und ihm begreiflich gemacht, wieso nicht ... Und was denkst du, was er da auf einmal sagt? ... Na, ich sag' dir, er ist einfach eine Perle, ein herrlicher Mensch! ... Er bietet mir kurzerhand auf mehrere Jahre eine monatliche Rente von vierhundert Mark an, fragt noch auch, ob es genug ist, wird sogar selber verlegen, bittet mich, kein Wort mehr drüber zu verlieren, wünscht mir guten Erfolg und geht ... Ich kann dir sagen, ich war einfach platt ... Ich hab' gar nichts sagen können ... Er hat mir den ersten Scheck hinterlassen und an jeden Monatsersten geht mir durch seine Bank das weitere Geld zu ...«

»Mensch! Mensch, das ist ja unerhört! Gewaltig! Unglaublich!« begeisterte ich mich. »Einfach fabelhaft! ... So ein Schwein haben! So ein Glück!« Ich rannte erheitert im Atelier herum, klatschte mir in die Hände und blieb endlich vor dem noch immer verdatterten Trausig stehen: »Mensch, was hast du denn? Warum freust du dich denn nicht? ... Du scheinst ja direkt verrückt geworden zu sein. Warum machst du denn so ein mieses Gesicht, Mensch?«

Trausig hob seine Augen. Er schaute mich beinahe bitthaft an und fragte endlich fast weinerlich: »Ja, aber – ich kann doch gar nicht dichten! Nie in meinem Leben bring' ich was Ähnliches fertig! Was tu ich denn bloß!«

Das hatte ich nicht erwartet. Das wirkte buchstäblich wie eine kalte Dusche auf mich. Allmächtiger Herrgott, jetzt konnte der Mensch nicht dichten! Das war allerdings furchtbar, das war peinlich, schauerlich, gräßlich!

Er saß da wie ein Häufl ein Elend und schwieg. Auch ich brauchte eine Zeitlang, bis ich mich wieder faßte.

»Aber Mann! Mann!« wollte ich meinen Freund endlich aufmuntern. »Mann, du wirst doch nicht etwa so wahnsinnig sein und zu deinem Baron gehen und einfach auf die vierhundert Mark verzichten! ... Ernst Ne-po-muk? Na! Na! Na! Ich meine, das lernt sich doch mit der Zeit! Herrgott, ich mein', du wirst doch schließlich, wo du jetzt tagaus, tagein Zeit hast, was zusammenbringen ... Du erzählst doch sonst ganz passabel! Das schreibst du einfach nieder, basta!«

Aber Trausig schüttelte noch immer den Kopf. Ich wurde wütend. Ich schmetterte auf ihn wie ein erboster Lehrer auf einen bockigen Schulbuben.

»Jedenfalls, die Rente nimmst du an, fertig! Das Weitere wird sich schon geben!« herrschte ich ihn grollend an und besänftigte ihn etwas herzlicher: »Du bist eben jetzt noch ein bisserl benommen, das gibt sich schon mit der Zeit ... Und, pass' auf, wenn du jetzt so sorglos dahinleben kannst, da kommen dir doch massenhaft amüsante Dinge unter ... Die verarbeitest du nach und nach ... Das geht doch! Das geht doch! Das ist doch heute nicht mehr unmöglich!«

Eine gute Stunde redete ich so auf ihn ein. Er verließ mich erleichtert.

»Ja«, sagte er an der Tür: »Vielleicht hast du recht ... Aber sagst du nicht selber: Ist er nicht ein herrlicher Mensch, der gute Baron?«

»Natürlich! eine Blume! Ein Juwel!« drückte ich ihm die Hand.

»Und du bist der größte Stießel, den ich mir vorstellen kann!«

»Na, ich verzichte ja nicht«, versprach er und ich schloß die Türe.

\*

Es vergingen Monate, es verging ein Jahr. Der Baron begab sich auf eine Weltreise. Trausig hatte verschiedene »Dichtversuche« gemacht und sie seinem Mäzen vorgelesen. Dieser fand sie allesamt begabt. Mir zeigte Trausig nie eine Zeile. Auch anderen nicht. Er wurde – komisch war das, äußerst merkwürdig – nur immer noch bedrückter. Er schwieg sich aus über seine Pläne. Man konnte ihm nicht beikommen.

Das eine aber sah jeder: Als der Baron weg war, wurde Trausig etwas freier. Es war, als atme er auf.

»Und wann will er wiederkommen, das Barönchen?« fragte ich meinen Freund einmal spöttisch.

»Ich weiß nicht ... Etwa in vier bis sechs Monaten«, erfuhr ich von ihm.

»Na, bis dahin hast du sicher einen halben Roman fertig, was?« bohrte ich weiter.

»Ach, laß doch! Laß doch!« wehrte er pikiert ab und sprach von etwas anderem. Er war nervös und einsilbig. Er rauchte eine Zigarette um die andere. Nach dieser Begegnung sah ich ihn lange, lange nicht mehr.

An einem klarkalten Märztag, heuer im Frühjahr, klopfte es einmal sehr früh an meiner Ateliertüre. Ich liebe nichts mehr, als ein gemütliches Frühstück mit Zeitunglesen und erster Zigarette. Ziemlich ärgerlich über die Störung meiner Gemächlichkeit öffnete ich. Trausig stand vor mir. Ich war baß verwundert, denn er sah kalkweiß aus und hatte verstörte Augen. Wir wußten beide nicht gleich den Anfang. Er ging schlaff in mein Atelier, ohne ein Wort. Er ließ sich niederfallen auf die Chaiselongue und stützte mit beiden Armen seinen Kopf.

»Tja, Mensch, was ist denn los mit dir? Du siehst ja aus, wie zum Tod verurteilt«, frage ich endlich.

»Bin ich auch so halb und halb«, antwortete er tonlos und seufzte hörbar.

»Gibt dir denn dein Baron kein Geld mehr?« forschte ich weiter. »Ist er schon wieder da?«

»Ja, da ist er schon lang ... Schon seit Januar«, erwiderte er wiederum.

»Na, und ... ?«

»Und?« Er hob sein Gesicht, schwieg und schluckte. Allem Anschein nach rang er bitter mit einem Bekenntnis, das ihn womöglich schon Tage und Nächte lang quälte.

»Hast du etwa nichts gearbeitet ... Red' doch! Was treibt dich denn auf einmal wieder zu mir her?« wollte ich wissen.

»Du mußt mir helfen«, kam es wieder so schrecklich schmerzhaft aus ihm.

»Helfen? ... Ich? ... Ja, so erzähl doch erst mal richtig? Was ist's denn? Hast du gefaulenzt? Hat dir der Baron deswegen die Rente gesperrt oder was ist sonst?«

Er schüttelte stumm den Kopf.

»Nein, ach nein doch! ... Ich hab' ihm einen Roman gegeben ... Er hat ihn gelesen und geht zu einem Verleger ... da, lies, der hat heute geschrieben, er will ihn 'rausbringen ... Wahrscheinlich bezahlt mein Baron sogar alles an Kosten«, beichtete er genau so bedrückt und gab mir den Brief eines angesehenen hiesigen Verlages. Ich überflog das Scheiben hastig. Ja, es stimmte. Der Verleger machte sogar schon ganz konkrete Vertragsvorschläge. Mir wurde die Sache immer rätselhafter, denn Trausig zeigte nicht die Spur von Freude über diesen unerwarteten Erfolg, ganz im Gegenteil, er war niedergedrückt wie noch nie.

»Tja, Mensch! Mann! Trausig! Was um Gottes willen hast du denn? ... Das ist ja einfach glänzend! Fabelhaft, sag' ich dir, so ein Erfolg!« konnte ich mich nicht mehr zurückhalten. »Stell dir doch bloß mal vor, wie viele arme Kerle es gibt, die ewig und ewig ihre fertigen Manuskripte herumschicken und absolut kein Glück haben! Und du? Du schreibst deine erste größere Arbeit und wirst schon angenommen ... Das ist ja geradezu unglaublich, Mann, Trausig! Trau-sig!« Ich rüttelte ihn: »Idiot! Was machst du denn für eine Visage her! Du, Du!! «

Seine Lethargie blieb die gleiche. Ich kannte mich überhaupt nicht mehr aus mit ihm, fragte, schimpfte, bestürmte ihn.

»Ob der Baron die Herausgabe bezahlt oder nicht, kann dir doch völlig gleichgültig sein ... *Du* hast doch ein Sprungbrett! Du bist doch zu einer Existenz gekommen und weißt nicht wie!« redete ich auf ihn ein und erkundigte mich erneut: »So red' doch! Gibt dir der Baron kein Geld mehr? ... Meint er, du bist jetzt selber soweit, daß du verdienen kannst mit der Schreiberei, oder was ist's?«

»Nein! Nnnein-n-nein doch! Natürlich gibt er mir weiter meine Rente, aber – da-da-das geht doch nicht! ... Es ist doch ganz unmöglich, daß der Verleger den Roman 'rausbringt ... Unmöglich!« rief er noch schmerzlicher.

»Was? Was geht nicht? ... Warum denn nicht? Ich versteh' dich nicht –«

»Ich kann doch nicht dichten!« fiel er mir ins Wort und machte eine ärgerliche Abwehrgeste mit der einen Hand. Mir ging urplötzlich ein Licht auf. Er sah abgewandt auf den Boden.

»Du - hast - also - den - Roman - gar nicht selber geschrieben?« fragte ich jäh gespannt und ließ ihn nicht aus den Augen.

»Nein«, schüttelte er den Kopf und schnaubte schwer. Mir verschlug es das Wort. Eine dumpfe Pause setzte ein. Ich tappte ratlos auf und ab.

»Also von einem anderen schreiben lassen?« forschte ich weiter. Er schüttelte noch einmal den Kopf und sagte nichts. Ich stand vor einem neuen Rätsel.

Ich starrte mit offenen Augen und Mund auf meinen unglücklichen Freund. Die tollsten und abenteuerlichsten Möglichkeiten schossen durch mein Hirn.

»Ich hab' doch dem Baron nach so langer Zeit mal was zeigen müssen und-und da bin ich hergegangen in meiner Verzweiflung – ich kann doch wirklich nicht dichten, absolut nicht!« stotterte er und erzählte in der gleichen Tonart weiter: »Da bin ich hergegangen und hab' irgendeinen ganz verschollenen alten Roman aus den dreißiger Jahren 'rausgesucht, hab' ihn abgeschrieben und-und, na ja, dann war mein Ruin da ... Du mußt mir helfen! Das das geht doch nicht – da-das ist ja unmöglich!« Er weinte das letzte fast aus sich heraus.

Ich fiel fast um, hockte mich wie erledigt auf einen Stuhl und mußte auf einmal krampfhaft lachen. Ich konnte nicht mehr anders. Es lachte einfach aus mir heraus. Die Geschichte war zu toll.

Als ich mich endlich wieder einigermaßen beruhigt hatte, ratschlagten wir lange. Wir erwogen hin und her. Am anderen Tag gingen wir beide zum Verleger und erzählten. Ja, erfuhren wir, der Baron habe bereits Geld zur Drucklegung anweisen lassen. Wir mußten alles aufwenden, um die Sache rückgängig zu machen. Der Verleger barst zuletzt vor Wut, aber schließlich schrieb er doch pro forma an Trausig einen sehr bedauernden Ablehnungsbrief und sandte ein Schreiben mit ähnlichem Inhalt auch an den Baron. Dieser war außer sich und wollte prozessieren. Trausig aber zerriß mit gewaltsam gespieltem Heroismus das Manuskript und sagte kühn, die Arbeit sei erst ein erster, sehr kläglicher Versuch, bevor nicht ein vollkommenes Meisterwerk aus ihm »geboren werde«, verzichte er auf Veröffentlichung und Erfolg.

Dies rührte den Baron zutiefst. Wirklich und wahrhaftig, er zahlt heute noch sein Stipendium an Trausig. Und der will nun auch tatsächlich zu dichten anfangen. Was bleibt ihm auch anderes übrig?

# Berliner Erlebnisse

# Im P.E.N.-Club

Der wo heute noch über die neue Zeit schimpft, tut ihr sehr unrecht. Früher haben wir das schöne Wort: »Freie Bahn dem Tüchtigen!« nicht gehabt und es ist nicht so einfach gewesen, als schlichter Provinzschriftsteller in die allerbesten Kreise zu kommen. Jetzt hingegen ist das sehr leicht. Man kommt oft zu einer Ehre und weiß gar nicht wie. Das zum Beispiel ist mir passiert, wie ich langsam bei allen meinen Bekannten und beim Publikum einen literarischen Anklang gefunden habe. Da nämlich ist einmal ein Brief aus Berlin gekommen, wo drinnen gestanden ist, ich bin zum Mitglied des P.E.N.-Club gewählt. Geheißen hat es, der Klub ist für den Völkerfrieden und hauptsächlich für die geistige Annäherung der Schriftsteller aller Länder, selbstredend bloß der allerfeinsten und besten. Ein »Bulletin« in französischer Sprache ist im Kuvert gewesen und der Vorstand hat seiner Freude Ausdruck gegeben, daß ich jetzt auch bei ihnen bin. Zwölf Mark kostet der Jahresbeitrag, hat es alsdann wiederum geheißen.

»Oha«, denk' ich, »Oskare, jetzt geht es aber mit Riesenschritten aufwärts!« Und natürlicherweise habe ich mich über eine solche Ehre sehr gefreut. Dumm ist bloß gewesen, daß ich das »Bulletin«, wo alle Monat gekommen ist, nie nicht lesen habe können und mich infolgedessen mit der geistigen Annäherung ein wenig hart getan habe. Hingegen auch für das war gesorgt. Nämlich Monat für Monat habe ich eine sehr schön gedruckte Einladung des P.E.N-Club aus Berlin bekommen, ich soll zum Abendessen da und da hinkommen, immer ist es ein sehr seriöses Hotel oder Restaurant gewesen und »Erscheinen im Abendanzug« war Vorschrift. Nun ja, in dieser Hinsicht hat es bei mir nicht gefehlt, weil ich mir sowieso für den Fall, daß wer aus der Familie oder Verwandtschaft stirbt, schon lang einen schwarzen Anzug habe machen lassen. Aber wegen dem Abendessen gleich immer von München nach Berlin fahren, das ist schon arg viel verlangt gewesen. Folgedessen habe ich mich also diesen gesellschaftlichen Verpflichtungen gegenüber immer ganz still verhalten, weil man ja auch nie wissen kann, wie man's recht macht.

Ab und zu aber – es geht heutzutage nicht mehr anderst – muß man sich auch als Bücherschreiber bei der verehrlichen Kundschaft in Erinnerung bringen, man muß mit der Eisenbahn fahren. Weit weg in eine andere Stadt. Auch da hat die schöne neue Zeit jetzt was sehr Schönes erfunden: das Radio. Nämlich jetzt ist es so, daß man hinschreibt an eine solche Sendestation und anfragt, ob man nicht selber den Hörern was vorlesen könnte. Meistens antworten diese Leute: jawohl, und du kriegst die Fahrtkosten und noch ein Honorar extra. So bin ich auch einmal wieder nach Berlin gekommen, und zwar grad, wie der P.E.N-Club eine Einladung zum Abendessen geschickt gehabt hat.

Denk' ich mir: »Haut schon, Oskare, jetzt kannst du aber einmal prangen unter deinen noblen Kollegen!« Und lese also am Sender mein Zeug und sause gleich per Taxi in das Hotel im Tiergarten, woselbst das Mahl angesagt war.

Ich bin durch die Drehtüre in den Vorraum. Da waren lauter dicke Teppiche und Ledersessel. Ein Kellner hat mich gefragt, wo aus und wohin.

»Zum Penklub«, sag' ich mit einem ganz geselligkeitswichtigen Gesicht und der Kellner hat mich durch einen langen, breiten Gang geführt. Der Parkettboden hat geknarzt, der Kellner ist auf Zehenspitzen gegangen und auf eine Tür zu, wo noch mehrere Kellner mit hingedrückten Ohren gewartet haben. Er gibt mir einen Wink und sagt halblaut: »Einen Moment, bitte, der Herr Vorsitzende spricht noch!«

»Aber ich bin ja zum Abendessen eingeladen ... Ist das schon vorbei?« habe ich gefragt. Sonderbarerweise haben die ganzen Kellner dabei ein wenig versteckt gelacht und der, wo mich gebracht hat, hat gesagt: »Jaja, aber während der Rede ist kein Zutritt.«

»Ja, krieg ich denn überhaupts noch was?« habe ich mich erkundigt.

»Jaja ... Für Sie wird nachgedeckt«, hat mich der Kellner aufgeklärt und wiederum so komisch gelacht.

»No«, sag' ich, »alsdann ist es ja gut ... Alsdann wart' ich ...« Inzwischen hat der Ober, welcher an der Türe gewesen ist, ein Zeichen gegeben und die beiden Flügel weit auseinandergeschoben. Die anderen Kellner sind in den großen, hellerleuchteten Saal hinein und: »So, bitte!« sagt mein Ober: »Ich serviere gleich.«

Er ist davon und ich in den Saal. Das war schon ein sehr ein berauschender Anblick: Riesige Glasluster, ein spiegelglatter Parkettboden und eine wunderbare Tafel in Hufeisenform. Nichts als lauter Herren in weißen Westen und Smokings und Damen in den verlockendsten Abendroben waren vorhanden. Mir ist gleich heiß und angst geworden, schon wegen dem, weil ich nicht gewußt habe, wie ich mich benehmen muß. Aber wie ich so mitten auf dem Parkett auftauche, da ruft ganz vorne von der Spitze der Tafel der Vorstand, der wo mit seinem Vollbart wie der liebe Gott ausgesehen hat: »Ah, sehr schön ... Oskar Maria Graf aus München!« Es sind auch noch mehrere neben ihm aufgestanden und haben mit erfreuten Gesichtern gewinkt. Diese überaus freundliche Aufnahme hat mir selbstredend Mut gemacht. Ich bin eilsam vorwärts, aber – patsch – bin ich dummerweise gestreckterlängs hingefallen. Allesamt haben schallend aufgelacht. Das ist sehr ekelhaft gewesen. Ich bin schnell in die Höhe, aber immer wieder ausgerutscht, was bloß die Fidelität vermehrt hat.

»Jaja, Grüß Gott! Grüß Gott, jaja!« habe ich immerzu abwinken wollen, aber alles war vergebens. Ich habe mich endlich auf einen Stuhl gerettet und gut ist es gewesen. Das war nämlich, scheint's, mein Platz am Ende der Tafel.

»Wir begrüßen unseren süddeutschen Freund und Kollegen!« hat der liebe Gott aus seinem Bart herausgestoßen und alle stehen auf und schauen, weiß der Teufel warum, erwartungsvoll lustig auf mich. Ich bin auch aufgestanden und habe nochmals gesagt: »Jaja, grüß Gott, die Herrschaften! Grüß Gott! Habe die Ehre, die Herrschaften!« was hinwiederum sehr fidel aufgenommen worden ist.

Endlich hat man sich niedergelassen und ich auch. Mein Nebenmann ist ein kleinwinziger Mensch gewesen und weil er sich gleich an mich gewandt hat, habe ich, bloß damit was gesagt gewesen ist, gefragt: »Bin ich schon zu spät dran, was?«

»Ja«, sagt der mit seiner krächzenden Stimme: »Sie haben es schön! Für Sie wird extra serviert. Da gibt's sehr viel. Ich hab' eigentlich recht wenig erwischt.«

Mit neidischen Blicken hat er zugeschaut, wie der Kellner eine Unmenge Fleisch, Salate und Gemüse dahergebracht und serviert hat. Das hat mich natürlicherweise in eine besorgte Rührung versetzt.

»Wenig!«, sag' ich, »wenig haben Sie gekriegt ... Nehmen Sie! Nehmen Sie von mir, ich zwing's doch nicht ... Bei so einer noblen Gesellschaft darf doch keiner Hunger leiden ... Da, nehmen Sie, bitte, bitte!« Aber, komisch, mein Nachbar hat das sehr übel aufgenommen und mich angeschaut wie ein abgestochenes Kalb. Einen Witz habe er bloß gemacht, sagt er, doch bloß Witz war das!

»So, alsdann entschuldigen Sie halt«, habe ich diese Peinlichkeit wieder eingerenkt, aber der Herr ist den ganzen Abend nicht mehr freundlich geworden zu mir. Ich habe gegessen auf Hautsdrein und er hat mich immer wieder von der Seite gemustert. Froh bin ich gewesen, wie ich alles drunten gehabt habe. Inzwischen sind auch alle schon aufgestanden und herumgegangen, grad eine Pracht ist es gewesen. Nach und nach hat sich der Saal geleert und man hat auf dem breiten Gang draußen an kleinen Tischen den Kaffee eingenommen. Ich auch, natürlich. Immer aber, wenn ich wo aufgetaucht bin, haben die Leute zwar freundlich, aber ein bißchen spöttisch gelacht und das hat mich geniert.

Kurzerhand bin ich zum zweiten Vorstand hingegangen, weil ich den gekannt habe und weil ich vor dem großen Bart vom ersten zuviel Respekt gehabt habe, und frage: »Sie, entschuldigen S' einen Moment, Herr zweiter Vorstand, ich möchte Ihnen was fragen?« Der Herr war eine Freundlichkeit.

»Ja, bitte! Bitte, Herr Graf?«

»Geht das«, frage ich, »Herr zweiter Vorstand, ewig so weiter? Jeden Monat so ein schönes Abendessen?«

»Ja«, sagt er: »Der P.E.N.-Club ist ja eigentlich nur eine gesellige Vereinigung und will weiter nichts als eben persönliche Annäherung der Geistigen aller Nationen ...«

»Soso ... Jaja, ich mein' bloß, Herr zweiter Vorsitzender ... Ich mein' bloß, es ist ein bißl kostspielig, die Sach'«, sag' ich. »Kostspielig? ... Wieso?«

»Wissen S', fünfunddreißig Mark jedesmal, bloß daß ich herkomm' von München«, will ich ihn aufklären und da macht auch der schon wieder so ein seltsames Gesicht. Genau so fast wie mein Nebenmann bei der Tafel. Eigentümlich, denk' ich, wenn man da was vorbringt, wird's ewig als ein Witz aufgefaßt. Eigentümlich, wirklich sehr eigentümlich!

Auf das hin bin ich viel deutlicher geworden, habe mich ernst und stramm hingestellt und gefragt: »Ich möchte halt alsdann doch fragen, Herr zweiter Vorsitzender, wie steht's denn da mit der Vergütung von den Reisespesen? Ich tu gewiß meine Pflicht und Schuldigkeit immer –« Weiter bin ich nicht gekommen. Der Herr im Smoking hat hellauf zu lachen angefangen und schon sind die anderen Leute wiederum auf uns aufmerksam geworden. Rein zum Totgenieren ist es gewesen. Ganz grantig bin ich geworden.

»Das ist überhaupts gar keine Einladung nicht! Ich hab' mein Essen selber bezahlt!« habe ich noch schnell herausgestoßen, viele Leute sind bereits um uns herumgestanden und: »Klassisch! ...

Kla-klas-sisch!« hat sich der zweite Herr Vorstand vor Lachen geschüttelt: »Einfach klassisch!« Grad wollte er anfangen zu erzählen. Das ist mir aber dennoch zu bunt geworden. Auf und davon bin ich, direkt fluchtartig.

»No«, sag' ich zum Kellner im Vestibül: »Noble Leute sind das fein nicht! Ganz und gar nicht! Durchaus nicht! Adjee!« Der hat mich angeglotzt wie irr und ich bin durch die Drehtüre gestürzt.

»Gute Nacht, schöne Gegend«, hab' ich mir gedacht: »Gute Nacht, die tun sich leicht mit ihrem geistigen Annähern, wenn jeder alles selber zahlt ...«

Überhaupts – auch auf den Völkerfrieden von diesen noblen Leuten bin ich recht mißtrauisch geworden.

Mir gangst!

## Mit Stephan George

Eine Verwandtschaft hab' ich, die ist weitum über ganz Ober- und Niederbayern, bis tief ins Tirol hinein verstreut. Da ist beispielsweise einer drunter – der Fischer-Hansei von Weidach, ein uralter juchtenlederzäher Junggeselle –, der lebt von einer winzigen Altersrente, verdient durch Akkordmähen und Holzspalten hin und wieder was dazu und wenn er gar nichts zu tun hat, wandert er von einem Verwandten zum andern, kriegt sein Essen und Schlafen dort und macht sich am andern Tag wieder auf den Weg. Will man wo eine neue Dirn (Magd), will eine Bauerstochter einen Hochzeiter oder umgekehrt – der Fischer-Hansei hat immer was parat.

»Soso«, sagt er und schaut dich an mit seinen herausgequollenen Seehundsaugen: »Soso, a Dirn brauchst? ... Jaja, i wüßt dir scho was ... Wos ganz wos Guats (Gutes) und wos recht wos Fleißigs ... Ißt it (nicht) vui (viel) und hot noch an Glaabn (Glauben) und Loh(n) braucht s' gor it vui ... Aba drei, vier Maarch (Mark) müassn fei scho rausspringa dabei ...« Er kriegt seine drei oder vier Mark und du hast die beste Dirn von der Welt.

Bei der Rekommandation von Hochzeitern und Hochzeiterinnen steigt selbstredend seine Forderung je nach der Vermöglichkeit des

Suchenden und des Gesuchten. Der Fischer-Hansei sichert sich stets nach zwei Seiten und nimmt dabei immer ganz schön ein. Freilich braucht so ein »Heiratmachen« viel Lauferei und geht nicht von heut auf morgen. Der Fischer-Hansei nimmt diese Mühe gern auf sich, gern und unverzagt. Eins nämlich tut er nie und nimmer: Eisenbahnfahren.

Er macht alles zu Fuß. Die weitesten Strecken. Er ist von Weidach sieben Stunden nach München gegangen und hat in sechs Wochen Zeit die Wanderung nach der heiligmäßigen Resl von Konnersreuth gemacht.

Warum er alles zu Fuß macht, das hat seinen triftigen Grund. Erstens sagt er: »Eisenbahnfahren is z' unsicher!« und zweitens vertritt er die nicht abzustreitende Ansicht, was so schnell geht, taugt nichts.

»Wenn i fahr, kimm (komme) i wohi(n) und bi(n) fremd … Wenn i geh, lern' i d' Leut und d' Umgegnd gnau kenne und woaß glei (weiß gleich), wia i mit jedn Menschen dro (dran) bi(n)«, sagt er.

Auch ich muß dem Hansei da absolut recht geben. Nichts ist mir zuwiderer wie das Eisenbahnfahren. Aber was bleibt übrig? Mein Geschäft verlangt's doch hin und wieder so ein Reisen. Also überläßt man sich halt auf Glück und Unglück so einem Zug, wird durch die weiten Strecken geschossen und landet auf einmal ganz als Fremder im fremden Leipzig, in Hannover oder Hamburg oder Berlin. Kein Mensch versteht dich mehr, jeder sieht dich schon nach den ersten Worten gewissermaßen humoristisch an, ein Unikum bist du und weißt gar nicht, warum und wie. Das kann mitunter traurig hinausgehen, bei mir war es bis jetzt, Gott sei Dank, immer bloß lustig. Unter uns gesagt, man muß halt die geübte Originalität, welche die norddeutschen Sommerfrischler bei uns zu finden belieben, stets beibehalten. Das wirkt besonders in Berlin einnehmend. Es ist sogar, wie ich herausgebracht habe, absolut erwünscht dort und natürlicherweise gesellschaftlich und geschäftlich nicht ohne Nutzen.

Also gut, neulich – es war Winteranfang, Ball- und Theatersaison – bin ich auch wieder einmal in der gewaltigen Weltstadt Berlin gewesen. Ich hab' allerhand Bekannte dorten, die wo frühere Münchner gewesen sind. Massig haben sie sich ins norddeutsche Tempo hineinentwickelt, kaum noch zu kennen sind sie. Und weit, weit auseinander wohnen sie. Ich bin zu meinem Freund, dem Reiser-Hanse, gekommen und der hat mir nach großer Wiedersehensfreude mitgeteilt, ei-

nen Stammtisch hat er aufgezogen, heute abend ist die Einweihung.
»So«, sag' ich: »Haut schon! ... I' bin voreh zum Gansessen eingeladen ... Schad'! Aber ich werd' schon schau'n, daß ich wegkomm' ...«

Das betreffende Gansessen ist sehr nobel gewesen, bloß hat man wegen meiner allerhand Peinlichkeiten mitmachen müssen. Ich hab' grad einen schönen Appetit gehabt und – glaub' ich – zu arg zugegriffen. Zehn Gäste sind vorhanden gewesen, aber sechs haben bloß was erwischt von der Gans. Drum hat man gar nichts dagegen gehabt, wie ich mich kurz darauf verabschiedet habe.

Schwitzend und dampfend bin ich in meinem schwarzen Anzug in der Bierwirtschaft angekommen. So eine Art wie das längstverflossene Künstlervölkchen in Schwabing ist da beisammen gewesen und war sehr erfreut über mein Kommen. Ich habe meine Joppe und Weste ausgezogen, weil's mir so heiß gewesen ist. »Na«, sagt der Wirt legererweise: »Na, Herr Graf«, indem er auf die kleinen Gläser deutet, die wo die Leute vor sich haben: »Für einen Bayern ist ja so ein Nipperchen 'ne Beleidigung, was? Ich darf doch ein großes Glas bringen, was? «

»Jaja, selbstverständlich, bitte«, habe ich zugestimmt und eine richtige Halbe Bier bekommen. Dieses ist als sehr originell befunden und natürlicherweise meistenteils nachgemacht worden. Jeder hat so eine »große Halbe« wollen.

»Nachahmungstrieb«, sag' ich zu meinem Freund Reiser: »Nachahmungstrieb, scheint's, ist in Berlin viel vorhanden.« Der hat gelacht und hat mich dahin aufgeklärt, daß der Berliner im Grund genommen der größte Provinzler ist.

»Ja, woaßt ös, Oskare, z' Berlin find't man radikal ois (alles) originell ... Do wenn oana (einer) net grodso is wia a echta Berlina, nachha is er koa normaler Mensch«, hat er gemeint, der Hans.

Hingegen, das muß ich schon sagen, die Leute haben sich unserer Originalität furchtbar schnell angepaßt und dieses ist wieder für uns lustig gewesen. In einem fort haben sie massig getrunken aus den »großen« Gläsern und wenn sie bei mir angestoßen haben – sogar »ex«. Einem gewesenen Kunstmaler ist das Bier arg eilsam in den Kopf gestiegen, ewig hat er mit mir geprostet und bei einem abermaligen Anstoßen ist sein Glas in Scherben gegangen. Er hat sich den Finger zerschnitten und geblutet wie eine Sau. Aber das hat ihn nicht im mindesten gedämpft, im Gegenteil, in einem fort ist er auf mich los und tappt an meinem weißen Hemd herum, bis auch ich ganz und gar blutig gewesen bin.

»Geh, Herr Nachbar!« habe ich mich dagegen gewehrt: »Geh, schmiern S' eahna Bluat wo anderst hi, bittscheen! Sehng S' (sehen Sie) net, daß i scho ausschaug wia a Metzger!« Die anderen haben ihn weggedrängt und der freundliche Wirt ist sofort mit einer großen, weißen Schürze dahergekommen und hat sie mir umgebunden. Das hat die Heiterkeit noch mehr gehoben. Wie jetzt die weiteren Gäste daher sind, haben sie alle gemeint, ich bin der Wirt und natürlicherweise habe ich diese Juxrolle wunderbar gespielt.

Ein bißl hat den Leuten freilich vor mir gegraust – in dem blutigen Verzug, mein' ich –, aber ich habe dieser spürbaren Abneigung durch meine geübte Kulanz prachtvoll den Riegel vorgeschoben. Kurz und gut, mit der Zeit ist's eine Fidelität gewesen – direkt gewaltig. Über den weiteren Verlauf kann ich eigentlich nicht mehr viel vermelden, das heißt, ich habe einmal gehört, wie der Wirt »Polizeistunde, meine Herrschaften!« sagt, alsdann bin ich neben meinem Freund Reiser in einem dunklen Taxi gesessen, in meinen Mantel gestopft.

»Hanse?« frag' ich: »Du, Hanse? Wia is denn dös? Fahrn mir eppa (etwa) scho hoam?«

»Nana, Oskare, nana! Loß dir nu Zeit!« hat mein Freund gebrummt und wie ich aufschau', hält das Auto auch schon wieder. Mein Freund hat mich aus dem Auto herausgezogen und da seh' ich, es sind noch mehrere mit uns.

»Geh no weita, Oskare, dös is der Schwannecke, do gibt's so schnell koa Polizeistund«, sagt der Reiser und macht die Tür von der allbekannten Künstlerkneipe »Stefanie« in der Rankestraße auf. Die anderen haben nachgedrückt und wir sind auf einmal in einem Glanz gestanden – wunderbar! Rundherum an den hellbeleuchteten Tischen sind Herren in weißen Westen und Smokings und Damen in größten Abendroben gesessen. Platz hat es absolut keinen mehr gegeben. Ich steh' und schau' mir ein bißl schwummelig diese Pracht an, alle Gäste glotzen ziemlich abweisend auf mich und der Garderobier, der Jonny, ein alter Freund von mir, kommt dahergeflitzt. »Platz da! Platz da!« habe ich geschrien und die illustren Gäste sind darauf sehr wütend geworden, aber bloß einen Moment.

»Platz da! Platz! Mir sind zahlende Gäste!« schreie ich abermals und der Johnny nimmt mir den Mantel ab. Ich stehe da, rundrum voller Blut, ohne Joppe und Weste, einfach so wie in der Wirtschaft, mit dem besudelten Hemd und der Schürze. Das hat eine sehr seltsame

Wirkung gehabt. Nämlich, wie ich wieder Platz verlange, räumen die Leute vor uns sofort das Feld und überlassen uns den Tisch.

»Bravo, Oskare! Bravo!« hat mich der Reiser belobigt, wir hocken Gott sei Dank und einer hat Sekt bestellt. Wie sich denken läßt, ist's an unserm Tisch ein wenig arg laut hergegangen und selbstredend sind wir im Nu – wie man so sagt – im Brennpunkt des allgemeinen Interesses gewesen. Alles hat uns angeglotzt und mißliebig gebrummt, insonderheit schon deswegen, weil ich öfters sehr gelüstig auf so eine pickfeine Dame hingeschaut habe und zweideutig gemeint habe: »Also sowas Schönes, meine Dame! Also sowas Prachtvolles! Bei Ihnen siehcht man ja direkt alles! Prost, meine Dame, prost auf Ihnere Reize!«

Freilich auf Gegenliebe bin ich da absolut nicht gestoßen. Die Dame hat sich mit Abscheu weggewendet.

Plötzlich aber ist ein mordsmäßig dicker Mensch am Nebentisch aufgestanden und zu uns her.

»Holla, Hanse!« sag' ich schnell: »Jetz geht's wuid (wild) auf!« Aber ganz was anderes wie eine Rauferei ist passiert. Der dicke Herr setzt sich sofort leger neben mich und sagt, sich vorstellend: »George!«

George? George?! Höre ich und schau den Menschen an wie elektrisiert: »Was? George? Stephan?! ... Der große Dichterfürst? Der Goethe von heite? Stefan George san Sie?«

Er hat genickt und da natürlich bin ich ganz außer Rand geraten über eine solcherne Ehre. Auf bin ich und zitiere sofort ein Gedicht des großen Meisters:

»Dies sind die Wiesen von geblumtem Samt
mit schweren ährenreichen Stengeln.
Gesang der Schnitter, die die Sensen dengeln,
dir ruft die Erde zu, der du entstammt!«

»Also so ein Glück, Hanse!« habe ich begeistert gerufen und alles hat uns noch aufmerksamer gemustert: »So ein Glück! Stell' dir bloß vor, der Stefan George, der Meister der deutschen Sprache! Der Goethe – also, also!« Meine ganze verflossene Schwabinger Lyrikerzeit ist mir wohlig in den Sinn gekommen und umarmt habe ich den dicken Mann: »Also George!? Also sowas von Glück, also einfach gewaltig!« Und gleich habe ich wieder angefangen:

»Aus dunklen Fichten steigt ins Blau der Aar!«

»Aber«, sage ich, wie ich den Mann genauer anschau', »aber – also eine solcherne Veränderung, Herr Kolleg' George? Also, ich weiß doch noch, ich hab' doch ganz anderne Photographien und Bilder von dir gesehn? Ganz mager bist – hm, tja –, so eine vorteilhafte Veränderung bei Ihnen! Hm, geht denn mit Gedichten ein solchernes Geschäft, Herr George? Macht denn die Lyrik so dick?«

Der Meister hat in einem fort ein wenig gütig lächelnd genickt und das hinwiederum hat mich erst recht begeistert gemacht.

»So!« sag' ich, »soso? So, dann meinen der Herr Kolleg', man sollt' sich wieder auf die Lyrik verlegen, was? Also das ist ja sehr erfreilich! Das ist ja auffallend erfreilich von unserm deitschn Volke, Herr Kolleg'! Auf der Stell' mach' ich wieder lauters Gedichtn!«

Und fort und fort habe ich meinem Freund, dem Reiser-Hans, zugeschrien: »Hanse! Hanse! Nix wia Gedichtn! Schaug an George an! Schaug 'n bloß o! ... Auf dö Photographien is er oiwai (alleweil) so hundsmoger (hundemager) gwesn und jetzt hat 'n sei Dichtung aufblaht wia an Bräumoasta ...«

Herum und hinum haben die Leute gelacht, aber ich habe voller Bewunderung ewig auf unseren großen Meister der deutschen Sprache geschaut. Nicht bin ich aus dem Staunen herausgekommen.

»Der Herr Kolleg' sollten sich jetzt photographieren lass'n«, sag' ich zum Meister: »Jetzt! Da tät' das deutsche Schrifttum endlich wieder Hoffnung krieg'n, daß die wahre Dichtung nicht zugrund' geht ... Daß sie seinen Mann heite noch vollauf nährt!«

»Und ob!« hat auf das hin der belobigte Dichterfürst gesagt und gelacht. Meine Seligkeit über einen solchernen Zufall hat mich ganz und gar schwummelig gemacht. »Ho-hoch!« habe ich das Glas erhoben, aber leider – das Weitere weiß ich auch nicht mehr. Am andern Tag in der Früh bin ich beim Reiser-Hans auf dem Diwan aufgewacht und mein erstes Wort war: »Stell' dir vor, mit 'm Goethe von heite, mit 'm George san ma beinand gwen ...«

Der Reiser hingegen hat ganz laut aufgelacht und gesagt: »Herrgott, Oskare, wos muaßt du für an Rausch g'habt hobn ... Host ös denn net gspannt, daß dös der *Schauspiela* Heinrich George gwen is?!«

»Wo-wos! Wos – der – Schauspüla – Ge -jupp-or-jupp-ge!« bin ich vollends ernüchtert aufgesprungen: »Net der Stephan? ... O jerum! O jerum!«

Recht muß ich meinem Vetter von Weidach geben: Man sollt' nicht so schnell mit der Eisenbahn von einer Stadt in die andere fahren. Da lernt man die Leute nicht kennen. Fremd kommt man an und fremd sind die Menschen rundrum und zum Schluß holt man sich die schönste Blamage.

Ich bin auf und in die Wirtschaft, habe meine Joppe und Weste geholt und bin noch am selbigen Tag schier fluchtartig aus Berlin abgefahren.

»Grüß di Good, George!«

## Die Mottenkugeln beim »Totenmal«

Also neulich kommt mein Freund Richard Politz zu mir und fragt mich, ob ich nicht mitgehn will ins »Totenmal«. (Politz, werd' ich Ihnen raten, merken sie sich den Namen. Architekt und Motorradfahrer ist er I a und kennen tut er radikal alles Neueste. Literatur, Automarken, die verschiedenen Sporte, Malereien, Verkehrsvorschriften, na und noch und noch!)

»Totenmal?« frag' ich: »Du meinst das Gspiel wegen der Gefallenenehrung oder? No, wann's nichts kost't, warum nicht?« Freikarten hat er, sagt er, und kriegen tut man die massenhaft. »Aber«, fängt er hitzig an: »Was, du kennst das Totenmal nicht?« »Jaja, die Plakaten hab' ich schon gelesen«, sag' ich und da natürlich wird er mitleidig. Er erklärt mir die Sache.

»Totenmal«, daß Sie es gleich wissen, das ist sozusagen der Münchner Oberammergau-Ersatz. Eine chorische Vision mit Tanz, Musik und Wort, wo schon, wie ich höre, an die fünfhunderttausend Mark gekostet haben soll, womöglich bereits mehr. Und der Herr, der wo das gedichtet hat, schreibt sich Talhof, gebürtiger Schweizer und früher Wanderbühnenregisseur. Er soll, wie ich noch erfahren habe, überhaupt nicht mehr zufrieden sein mit unserer gewöhnlichen

Dichterei und hat sich als dann selber auf dieses Fach geschlagen. Aber gleich mit Musik und Wigmann und Eugen Diederichs Verlag, Jena. Gleich großartig also.

Gut also, damit ich bei der Sache bleibe, das Spiel geht in der Münchner Ausstellungshalle vor sich. Man muß sehr pünktlich kommen. Um 20 Uhr 30 Min. abends geht es an, Pause gibt's keine, so um 22 Uhr 30 Min. ist es aus.

»Ich laß dann die Karte auf deinen Namen zurücklegen ... Wir treffen uns dort«, sagt mein Freund und geht. Nämlich, er hat zu tun, und ich bin nie pünktlich. Und außerdem – ich gehe das ganze Jahr mit der Lederhose, bei feierlichen Angelegenheiten, wie Trauerfälle oder Theater, hol' ich natürlicherweise meinen einzigen schwarzen Anzug heraus und zieh' ihn an. Mit solchen umständlichen Vorbereitungen vergeht natürlich die Zeit zu schnell für mich.

Ich komme also um 20 Uhr 50, was bei uns heißt: nach dreiviertel neun Uhr, an die Kasse der Ausstellungshalle und frag' nach meinem Billett.

»Sind Sie von auswärts gekommen?« fragt der Mensch hinterm Schalter.

»Ja, mit der Bahn«, sag' ich und da gibt er mir die Karte, indem er mich dahin unterrichtet, ich soll halt dem Portier noch ein Trinkgeld geben, daß er mich hineinläßt.

»Dankschön«, sag' ich und gib dem Portier was. Er macht ganz leise die Tür auf und ich renne selbstredend sofort hinein in das Dunkel.

»Pst!« macht der Portier hinter mir, aber – patsch – da lieg' ich schon gestreckterlängs da. Nämlich, was sag' ich Ihnen, Stricke sind da immer nach soundsoviel Bankreihen, brummen tut es und stockfinster ist es, man kann nicht aufpassen genug.

Ich verursachte eine kleine Störung selbstredend, aber schließlich hockte ich doch irgendwo an einem Außensitz. Sitz' und denk' »Gott sei Dank« und schau' vor und seh' nichts wie eine seltsam farbige Orgel im dunklen Bühnenraum und ewig so verrenkte Figuren, die halb aufeinander zu-, dann wieder auseinander laufen. Dazwischen hörst du Geschepper und Orgel und Krachen und Trommeln und Pfeifen und Klingeln und auf einmal fängt irgendein Sprechchor zu plärren an, geht hin und her, als ob er nicht wüßte, wo er eigentlich hingehört. Alsdann spritzt von oben oder von der Seite oder – weiß ich, von wo noch – Licht auf die Leute da droben und endlich kommt die Wigmann und tanzt und rennt herum, biegt sich und schleudert die Arme. Ganz aus ist's, wie's da zugeht. Verstanden hab' ich nichts vorläufig und gesehen hab' ich bloß ewig das gleiche.

Aber was denken Sie, was da passiert?

Der Herr neben mir fängt auf einmal ganz auffällig zu schnuppern an, schnuppert und schnuppert und rückt plötzlich einen Sitz weiter von mir weg, dann zwei, drei und schließlich gutding acht Plätze. Ich denk': Was ist denn das? Was hat er denn? Und da hör' ich hinter mir eine Dame, wo sagt: »Pfui, Naphthalin!«

Ich riech an mir. Herrgott ja! Jaja! Selbstredend, wenn man das ganze Jahr den Anzug im Kasten hat? Ich fahre vorsichtig in alle meine Taschen und entdecke überall Mottenkugeln.

Mottenkugeln! Meine Güte! Jetzt riech' ich mich selber? Ich stink mir was vor.

Und vorne auf der Bühne – ich habe die ganze Zeit wirklich und wahrhaftig nur eins gedacht, nämlich: Gut, daß ich mein Billett nicht bezahlt habe. Für so eine ewig bunte Dunkelheit mit diesem unnötigen Gelärme auch noch Geld hergeben, das ging denn doch über die Hutschnur! – Also vorne auf der Bühne kam jetzt die berühmte Wigmann und sonderte sich von dem Gewurl der hin- und herschlenkernden Haufen ab, um solo zu tanzen.

Ich weiß nicht warum, ich habe einfach fort und fort den Kopf geschüttelt und da sagt ein Lispler hinter mir: »Hm, was hat denn dieser arme Mensch. Schau doch, Mäuschen, ein Kriegsverletzter ... Der Arme!«

Ich habe auf das hin sofort das Kopfschütteln eingestellt.

»Entzückend! Schau doch, die Wigmann, einfach fabelhaft!« habe ich wiederum gehört und denk' nur eines wiederum: Getanzter Krieg, sauber, sauber sowas!

In diesem Augenblick ist im Orchester ein Skandal losgegangen, als ob jemand mit Dreschflegeln auf Blechplatten schlage. Selbstredend muß das auf verschiedene Nerven erschütternd gewirkt haben, denn es sind im Dunkel des Ganges eine Masse Leute aufgetaucht, die weggegangen sind. Unentwegt aber hüpfte, lief und sprang die Wigmann in einem Lichtkegel herum. Wer weiß für wen!

Indessen, ich bin von unseren Bräugärten allerhand Blechmusikkrach gewöhnt und außerdem – immer und immer wieder fielen mir meine störenden Mottenkugeln ein. Folgedessen nichts anderes wie weg damit! Ich griff also eine um die andere in meinen Taschen und lasse sie ganz langsam unter die Bänke vor mir rollen. Der Boden ist abschüssig. Ich wette, sie sind vorgerollt bis zum Bühnenrand. Das war eine recht nette Unterhaltung für mich, denn das Spiel selber ist, wie man bei uns sagt, einfach klassisch, was soviel heißt wie – du langweilst dich zu Tode. Das Ärgerliche daran ist bloß, daß man bei dem Spektakel nicht einschlafen kann.

Gesagt hat man mir, der Herr Talhof hat alles allein gemacht: In Szene gesetzt, intoniert, die Tänze erfunden und sogar die Musikinstrumente ersonnen. Und natürlicherweise kommen auch Worte vor. Sonst wär's ja keine Dichtung.

Was aber sind diese Worte? Die Sprechchöre sagen einen Haufen Verse, wo bei jeder Zeile »Gott« und »Leben« und »Licht« und »Haß« und sowas wie »Rotblut« usw. vorkommt. Alsdann liest jemand auf einmal – immer wieder aus einem anderen Winkel der großen Halle schmetternd – Kriegsbriefstellen gefallener Studenten vor und der Chor sekundiert würdig: »Gefallen bei Verdun« oder »Gefallen in Rußland« usw. Dieser revuemäßige Überraschungseinfall, alt wie garer Limburgerkäs', ist, scheint's, der ganze kärgliche Inhalt, worauf der große Schwyzer Talhof sein »Werk« aufbaut.

Allerdings mit teuren Mitteln, hör' ich, denn, wie gesagt, die Mäzene haben sich generös gezeigt und auch die kunstliebende Stadt war zugänglich. Die Partitur soll – selbstredend auch von Herrn Talhof – allein fünf bare tausend Mark zu drucken gekostet haben. Der Dichter nämlich änderte sie immer und immer wieder. Neue Platten, neue Platten, fort und fort. Beim Tarocken sagt man: »Das kost't Geld.«

Aber, lieber Pilger, der du dieses Spiel anschaust, hör' dir einmal die Briefe an, die da verlesen werden! Ich hab' das wahre Grausen davon gekriegt. Einige Stellen sind dem pompösen Prospekt vorangesetzt. Jeder kann sie selber nachlesen. Da wimmelt es von menschlicher Erneuerung durch den Krieg, von »Verwandlung« durch das Stahlbad und »Solche Tage schaffen andere Menschen, die nicht nach Dank und Auszeichnung fragen; denen das, was sie erlebt haben, viel zu heilig ist, als daß sie Lohn wünschten. Wo der Lohngedanke aufhört, beginnt die Zone, in der *Gott* wohnt ...« Ich möchte wissen, wo da eigentlich – na, wie gesagt, sowas sucht sich nur ein echter Kultiker heraus, um uns alle wieder in diese »Zone, wo Gott wohnt«, gewissermaßen hinaufzuheben.

Besten Dank, besten Dank, Herr Talhof.

Nach dem Kriegstanz alsdann ist aller Weisheit Schluß, das, was wiederum einer schmetternd ins Publikum hineinliest: Wir müssen andere Menschen werden.

Ich kann nichts dafür, Deutlichkeit möcht' ich überall. Was da beim »Totenmal« getanzt, krakeelt und gesabbert wird, erinnert mich ewig an den Bauernknecht, der mit dem Lungenschuß heimgekommen ist. Voriges Jahr hat er sich zu Tod gesoffen und gemeint hat er auf dem Sterbebett: »Schön ist's gwen (gewesen) an Kriag. Do host räubern und umbringa derfa, sovui oist ming host. (Soviel als du mögen hast.) Und d' Weiber host packt und ghuart host und nachha bist a Held gwen ... Aba wia i amoi a Krippi gwen bin und hintri kemma bin, hob i's scho gsehng, daß si dö Gressern nix draus macha, ob mir draußn zgrund gehnga oda net ... Sie san fett worn wia d' Möstsäu und grod begeistert fürs Vataland ... Nachha hob i mir denkt: Geh, leck mi am Orsch mit a 'ran soichern Schwindel ... Aba, mei, i hob mei kaputte Lungl ghabt und dö eahna Gsundheit ...« (Und die Weiber hast du gepackt und gehurt hast du und nachher bist du ein Held gewesen. Aber wie ich einmal ein Krüppel gewesen bin und in die Lazarette und ins Hinterland gekommen bin, hab' ich gesehen, daß die Großen [Reichen usw.] sich nichts daraus machen, ob wir zugrunde gehen oder nicht. Sie sind fett geworden wie die Mastsäue und grad begeistert fürs Vaterland. Nachher hab' ich mir gedacht: »Leck' mich am Arsch mit einem solchen Schwindel! ... Aber, mein Gott, ich hab' meine kaputte Lunge gehabt und die ihre Gesundheit.«)

Solche Bekundungen gibt's doch gewiß tausendfach. Der knorrige Schwyzer Talhof, von dem die begeisterten Rezensionen, die er in seinem Programm abdruckt, sagen: »mittelalterliche Holzschnittmanier«, und »packende Gewalt« und »versonnener Mystiker«, kennt sowas alles nicht. Bei ihm geht's ohne Gott und Licht und derlei undeutliche Dinge nicht.

Recht hat er. Mache dich unverständlich, jeder wittert was dahinter. Ich bin überzeugt, wenn dieses Totenmal nach Amerika kommt, da rauscht der Erfolg nur so. Sowas ist's, was unser Publikum bei uns und überm Ozean braucht.

Ich bin froh gewesen, daß ich meine Mottenkugeln gehabt habe. Ich hab' sie rollen lassen die ganze Zeit.

»Einfach, sehr einfach so eine chorisch dramatische Vision«, hab' ich insgeheim gedacht. »Du nimmst etliche absolut unverfängliche und möglichst kosmische Bekundungen gefallener Studenten, haust drum herum einen verzwickten Spektakelapparat und fertig ist die Laube.«

Plötzlich aber ist mir schon wieder was sehr Unangenehmes passiert. Nämlich auf einmal glimmt direkt unter meinen Füßen ein grelles, vergittertes, viereckiges Licht auf, so plötzlich, daß ich vor Schreck meine Füße hochgezogen hab' und natürlicherweise wieder empfindlich gestört hab'.

Ich fass' mich und schau – der Sanitäter war schon in meiner Nähe (es sind nämlich fünfzig jedesmal da) –, schau abwärts und beruhige mich rasch. Eine Lichtluke der unterirdischen Garderobe war es, hat man mir später erzählt.

Aber, frag' ich, wär's unmöglich bei so einer Vision, wenn der Verfasser plötzlich auf den Gedanken käme, die arglosen Zuhörer von unten her auszuleuchten, um eventuell zu erfahren, welche Wirkung sein »Werk« hat?

Da ist's auch endlich heller geworden im ganzen Raum. Die Plätze waren kaum halbwegs besetzt. Viele waren während der Vorstellung auf und davon. Beifallskundgebungen hat sich, erfuhr ich, Talhof verbeten. Die Würde!

Unter uns gesagt, ich bin noch nie so gern aus einer Theatervorstellung heraus.

Vielleicht – wer weiß – findet Herr Talhof meine Mottenkugeln und vielleicht überkommt ihn dann die Erleuchtung, daß dieser Kriegstanz eigentlich nur noch einen bestimmten Geruch haben müßte. Wer weiß, wer weiß, was meine Kugeln noch für eine Zukunft haben.

So kann's gehen, wenn man ewig seinen Anzug eingemottet hat. Man blamiert sich, aber ein anderer – womöglich – gewinnt dadurch das geniale Motiv.

Totenmal mit Naphthalin! Eingemotteter Krieg, na, na! Reden wir nicht davon!

# Geschäftliche und politische Schlußempfehlungen über meine Persönlichkeit und so ...

Sehr geehrter, geschätzter Herr Verleger!
Zuvor meinen verbindlichsten Dank für Ihre liebenswürdige Aufforderung, dem p. p. Publikum zum Schluß noch etwas über meine Person und mein jetziges Leben zu erzählen. Sowas ehrt mich ungemein und von Ihnen ist das sehr aufopferungsvoll.

Weil man aber als unorientierter Provinzschriftsteller nie wissen kann, was augenblicklich gefällt, habe ich mir natürlicherweise die kurzen Lebensabrisse einiger Kollegen vom höheren Fach der Literatur angesehen, welche kürzlich der Reihe nach in einem Salonblatt erschienen sind. Und da ist mir sofort etwas sehr Auffälliges unterlaufen. Nämlich die betreffenden Herren haben stets betont, daß ihnen im Grunde genommen nichts zuwiderer ist als über Persönliches zu schreiben. Ich muß erfahrungsgemäß mitteilen, daß eine solche Haltung, ein solch geschmackvolles Zurücktreten hinter das Werk in meinem Falle eine geradezu vernichtende geschäftliche Schädigung wäre. Ich treibe mein Gewerbe allein, stehe also dem Handwerker näher als dem Konzern, meine Bücher werden wenig gekauft, vielleicht mehr gelesen und – frage ich Sie – was ist der Effekt davon?

Die Produktion eines Konzerns – sagen wir Töpfe, Schreibmaschinen, Papier usw. – wird die Abnehmerschaft nie so weit bringen, daß sich dieselbige für den leitenden Kopf des Unternehmens interessiert. Topf bleibt Topf, Hauptsache ist, daß er gut ist. Woher fragt kein Mensch. Beim Buch ist's gerade entgegengesetzt. Gefällt es, merkt der Leser sich den Erzeuger und möchte in Gottes Namen doch gern wissen, was für eine Art von Mensch so ein Verfasser ist. Man möchte dessen Figur sehen, sein Gesicht kennenlernen, über seine Gewohnheiten und Schrullitäten was erfahren – kurzum, nichts zwingt die Neugier mehr als gerade das Buch. Wieso also eine derartig sinnwidrige Kasteiung seitens meiner Herren Kollegen von der höheren Klasse? Wieso – nachdem man schon einmal mit dem vollen Namen dauernd in der Öffentlichkeit herumgeistert – auf einmal dieses seltsame Versteckspiel, das erstens gar nicht geschätzt wird und zweitens leicht als krankhafte Vornehmheit gedeutet werden könnte? Dann schon lieber und konsequenterweise jedes Buch in Umlauf gesetzt, aber *ohne Nennung* des Verfassers!

Infolgedessen halt' ich mich dran: Nichts wie ausgepackt mit dem Persönlichen. Sowas war mir immer noch sehr nützlich und grad in dieser Zeit, wo man das Private trotz der andauernden Kollektivisierung erst recht gern mag.

Damit ich hingegen nicht zu weitschweifig werde: Also, Sie wollen von mir und meinem derzeitigen Leben was wissen, lieber, geschätzter Herr Verleger? Ich bitt' Sie recht schön, das soll doch nicht etwa heißen, daß ich nun den ganzen Sums abermals herschreiben muß, wieso es mir geglückt ist, nach einer Reihe von Jahren Schriftsteller zu werden? Sie entschuldigen schon, wenn ich bei dieser Gelegenheit nicht versäume, Ihnen witzlos und geschäftsbedacht die Lektüre meiner drei Bücher »Die Chronik von Flechting«, »Wir sind Gefangene« und »Wunderbare Menschen« zu empfehlen. Da steht so ziemlich alles drinnen. Die »Chronik« schildert die Geschichte meiner Väter und die anderen Bücher berichten über mich selber. Also, ich sag's grad heraus: »Lesen Sie diese Sachen!« Das ist vielleicht unfein, aber mein Vater selig hat Semmeln gebacken und verkauft, ich stelle Bücher her und will damit nichts anderes. Schad' bloß, daß sich das hochgeehrte Publikum nicht recht zum Kaufen zwingen läßt.

Im übrigen, wenn Sie schneller und kürzer über meine Lebensdaten Bescheid wissen wollen – es gibt einen sehr netten, ausführlichen Prospekt, der wo alles das enthält, und außerdem erzählen ja meine wohlmeinenden Herren Kritiker stets, wann und wo ich geboren wurde und was weiter mit mir passiert ist. (Ungeschickt von ihnen, denn das Publikum ist damit zufrieden und ich mache kein Geschäft mehr. Vielleicht nehmen die Herren nach diesem Hinweis ein bißchen Rücksicht. Meinen verbindlichen Dank im voraus.)

Also gut, ich nehme an, geschätzter Herr Verleger, wir haben uns geeinigt: Sie wollen von dem, was sozusagen hinter mir liegt, nichts mehr wissen; es interessiert Sie bloß ein wenig, was ich *jetzt* treibe und im Sinn habe. Das ist schon eher was.

Daß ich seit Jahr und Tag in dem wunderschönen Dorf München an der Isar lebe, denk' ich, wissen Sie bereits. Hierselbst habe ich bis vor kurzem dreizehn Jahre lang im dritten Hinterhaus ein gemütliches Atelier bewohnt, bin aber nun doch zu einer richtigen bürgerlichen Wohnung gekommen wie die Jungfrau zum Kind. Ich esse viel und gut, trinke gern starken Kaffee und rühr' mich möglichst wenig vom Fleck. Dieses Bewegen nämlich, geschätzter Herr, dieses Bewegen macht bloß Umstände und schafft meistens Verwirrungen. Schließlich – seien wir ehrlich – wir müssen ja doch alle sterben, nicht wahr? Und was ist's dann schon, ob wir jetzt so und sooft mit der Eisenbahn gefahren, mit dem Flugzeug geflogen oder auf einem Dampfer am Meer geschwommen sind oder – wie gesagt – ruhig dagesessen haben!

Kurz und gut – nicht daß Sie glauben, ich hätte keine seelischen Aufwallungen mehr! – ich geh' gern spazieren, und wunderschön ist's, wenn mich alle Friseure, Gemüsehändler, Wirte, Metzger und Bäcker auf meiner Straße grüßen. Mit der Zeit nämlich bin ich ein ganz reeller Mensch geworden, bezahle, was ich kaufe, spiele einen ziemlich einwandfreien Tarock und lobe bei Gelegenheit unsere derzeitige Regierung.

Mit der Literatur hab' ich es nicht. Ich versteh' nichts davon und finde alles gut. In der Zeitung interessiert mich nur »Lokales« und sonst lese ich überhaupt nur historische Werke. Unter uns gesagt, verehrter Herr Verleger, es haben mich schon viele Leute darauf aufmerksam gemacht, daß ich »teilnehmen« soll an den literarischen Neuerscheinungen; jeder meinte, ich müßte doch anderer Leute Bücher auch lesen und dann da und dort meine Meinung darüber abgeben, das sei mitunter sehr von Vorteil. Sowas hat mir auch sofort eingeleuchtet, aber – gelesen habe ich selbstredend nichts. Erstens, weil's zu beschwerlich ist und zweitens, weil mein Vater selig einmal zu mir gesagt hat, einen Konkurrenten dürfe man nie loben, müßte aber stets so tun, als ob man ihn wer weiß wie respektierte. Es ist – sagen Sie's nicht auch? – eine harte Sache. Drum bin ich lieber stockstumm. Da meint man womöglich, was ich wunders für ein vornehm zurückgezogener und versonnener Mensch bin.

Ich hab' aber außerdem auch einen Verkehr, bei dem's absolut nicht literarisch hergeht. Meine besten Freunde sind Arbeiter und Bauern, ein Kunstmaler namens Georg Schrimpf, einer mit Namen Karl Wähmann und etliche Wirte. Besonders gern habe ich noch Jäger und Geschäftsreisende. Die nämlich können am besten erzählen.

Sie werden, geschätzter Herr, aus all dem bereits ersehen haben, daß ich aus der Provinz bin und dieselbige wertschätze. Ob Sie's glauben oder nicht, das hat viel für sich. Schon deswegen nämlich, weil ich mit der Zeit herausgebracht habe, daß die Menschen überall gleich sind und weil man sie in der Provinz schneller und leichter sieht. Wir verstehen uns, denk' ich. Ich muß, wenn ich's so sagen darf, meine »Opfer« vor mir haben, ganz greifbar nahe. Ich muß mit ihnen reden, beisammenhocken, trinken, streiten, lustig und traurig sein. Genau wie sie selber. Und – ich habe von niemandem das Erzählen gelernt, Stil und Form kann ich nicht recht unterscheiden – wenn dann so einer zu reden anfängt, weiß ich, wie ich schreiben soll. Infolgedessen kommt natürlich dabei nie so was heraus wie große Literatur. Und was herauskommt, ist letzten Endes nicht einmal von *mir*.

Thackeray hat irgendwo einmal gesagt, er kann gar nicht verstehen, warum nicht jeder Mensch Schriftsteller ist. Ich muß ihm da absolut beistimmen, denn was gehört denn schon viel dazu? Gut zuhören und aufmerksam um sich schauen, weiter gar nichts. Außerdem ist's – wie ich schon oft gesagt habe – eine sitzende Beschäftigung.

Vor einem Jahr beispielsweise habe ich zwei dicke Bände »Kalendergeschichten« geschrieben und herausgebracht. Es sind fünfzig Erzählungen, hätten aber ebenso gut hundert sein können, denn ich *erfinde* ja nichts! Alles, was ich niederschreibe, habe ich dem Stoff nach aus Gerichtssälen, von Begebnissen, die kurz und lakonisch in der Zeitung standen, viel haben mir Freunde erzählt und viel habe ich selber erlebt. Jetzt zum Beispiel – damit Sie alles wissen – kommt ein Roman von mir heraus: »Bolwieser.« Die Fabel flog mir vor langer Zeit zu, die Idee habe ich noch länger gehabt und – komisch – wenn ich so was will, passieren mir selber die bezugreichsten Dinge dazu.

Da diese »Inhalte« im Grund genommen alle gewöhnlich, dumm, sinnlos und unpathetisch sind, werden auch die Geschichten und Romane von mir so. Es scheint mir aber wichtig und richtig – man muß das Gewöhnliche, Alleralltäglichste nehmen, sonst wird alles verlogen und untypisch.

Das große Wort und die letzte Weisheit aller heutigen Intellektuellen heißt »Kollektivismus«, das A und O ist das kollektive Kunstwerk.

Ich versteh' das nicht recht.

Ein Motorrad, einen Film, ein Luftschiff und eine Fabrik – dazu gehören viele Köpfe, aber erzählen, sehn Sie, das kann immer nur einer.

Es gibt also gar kein »kollektives Kunstwerk« – oder sind's vielleicht meine Geschichten und Romane?
Frech und frei sag' ich's, die sind »kollektiv«. Ich bin bloß der letzte Handlanger dazu, ich steh' als letzter Mann am laufenden Band all dieser Gewöhnlichen und liefere die fertige Ware ab.

\*

Jetzt aber – ich mache extra einen Absatz deswegen, weil das wieder was anderes ist – jetzt kommen wir zu einer höchst komischen Sache. Sie brennen sicher darauf, daß ich endlich etwas über meine »Einstellung« oder »politische Überzeugung« sage. Das ist nämlich auch sowas Prekäres.
Hat man eine, ist's gut für einen bestimmten Teil der Bevölkerung. Hat man keine, ist man eine Null.
Und selbstverständlich ist's heute am modernsten, wenn man sozusagen »radikal orientiert« ist. Radikal links oder radikal rechts. Auf alle Fälle radikal.
Ich werde Ihnen da was erzählen, was Sie sicher sehr ärgern wird. Ich nehme nämlich an, daß Sie – *wer* könnte denn heutzutag als geistig hochstehender Mensch anders sein! – ein turbulent fortschrittlicher Mensch, ein »linker Mann«, ein Marxist, ein Revolutionär, ein Kommunist, ein Nationalsozialist, einer von Jüngers Jüngern oder sonst so was Tüchtiges sind. Sie kennen sicher Ihren Marx, Ihren Lenin, Ihren Krapotkin oder die ganze Makulatur vom »dritten Reich« so genau wie der Rechtsanwalt seine Finten.
Ich bin Katholik.
Stellen Sie sich so was vor! Ich war es und werde es immer sein, und ich kann Ihnen verraten, hochzuverehrender Herr Verleger, das mit diesem Katholischsein, das ist ganz was Seltsames.
Verstehn Sie mich recht, Wertester – mein seliger Vater war katholisch, meine Mutter ist's, meine Brüder und Schwestern, die ganze Verwandtschaft und auch der Stamm, das Gevölke, aus dem ich komme, ist katholisch. Warum sollt' ausgerechnet *ich* anders sein?! Nein, nein, Herr Verleger, das geht nicht, ich bin da absolut kollektiv.
Wir alle, mein Vater selig, meine Mutter, meine Brüder und Schwestern, meine Verwandten und mein Stamm haben den Katechismus auswendig gelernt und natürlicherweise glauben – *glauben* tun wir nichts.

Denn sehen Sie, bei uns gibt's bloß eine, *eine* einzige klare Weisheit: Alles was ist, vergeht.

Wir werden geboren zum Sterben. Es hilft nichts – zuletzt (ich sag' den beliebten Ausspruch meiner Mutter) sind wir allesamt ein Haufen Dreck: Der Präsident von Amerika, der Wilhelm in Doorn, der Hindenburg, die großen, großen Dichter und Künstler, die gerechten Staatsanwälte, die Goebbels und Hitler, der Papst, der Stalin und Sie und ich.

Wir sind katholisch, jawohl, drum *können* wir ja gar nichts mehr glauben! Wir bekommen gewissermaßen den Unglauben an alles, was ist, schon mit auf die Welt. Wir sind von Kind auf respektlos, uns kann keiner überzeugen. (Ich meine natürlich: Sie, den Präsidenten von Amerika, den Wilhelm usw., die kann man schon noch von was überzeugen. *Uns*, uns aber nicht, verstehen Sie!?)

Entschuldigen Sie meine Redseligkeit, aber Katholischsein und Katholik sind zwei verschiedene Dinge. Der Bauer, wenn er eine Magd oder ein Weib hat, die er unterkriegen will, der sagt: »Wart', dich mach' ich schon katholisch!« Er meint damit nichts Religiöses, er meint eher sowas: Du rennst dir schon noch die Hörner ein an der Vergeblichkeit.

Der Komiker Grock wird von seinem Partner gefragt, wo er denn her sei, ob aus England, Frankreich usw. »Ich bin Katholik«, sagt er. Er ist in Wirklichkeit für jede Art Betrieb, für jede Art Staat, für alle Sekretäre und Vereine.

Der gute alte Heine hat einmal, als er sehr nett über alles Irdische und über die sogenannte Menschheit nachdachte, gesagt: »Man kann nichts anderes mehr, als aus Ärger katholisch werden.« Und war ein Jude! Wie gut muß unsere Religion sein!

Der große Bismarck – ich hab' nämlich früher zuviel gelesen –, der hat einmal, als der Kulturkampf tobte, gepoltert, der Papst, das sei überhaupt ein reiner Nihilist. Er hat's sicher ganz unüberlegt hingesagt, aber – es stimmt, es stimmt vollauf. Der alte Fuchs, dem übrigens – unter uns – sein »Blut und Eisen« auch bloß eine Phrase war (tröste dich, großer Adolf im Süden, auch er hat Tränen vergossen, wenn ihm was bedrohlich gegen den Strich ging!), dieser schlitzohrige Bauer aus Pommern hat den Kern des Katholischseins blitzschnell erfaßt.

Wir sind kulant, weltverträglich, humoristisch, wir lügen immer und erkennen es sofort für uns – wir sind die Ungläubigen.

Vor langer Zeit hat im Simplizissimus ein Witz gestanden. Da sitzt ein nachdenkender Bauer da und tut den Ausspruch: »Lacha tat i, wenn ma an foischn Glaabn hättn«! (Lachen würde ich, wenn wir einen falschen Glauben hätten.) Verstehen Sie jetzt, was es mit dem Katholischsein auf sich hat?

Man möcht's allen Turbulenten fast einhämmern, wenn's ginge: Sogar den Zweifel noch bezweifeln, *das* ist's.

Werter Herr Verleger!

Jetzt glaub' ich, hab' ich Ihnen meine »innere Einstellung« hingerieben. Sie ersehen daraus, daß ich ein ziemlich untauglicher Bursche bin. Aber schließlich, wissen Sie was? Nachdem ich's einsehe, daß wir alle sterben müssen, versuch' ich das Schwergewicht auf dieses Wort »alle« zu legen und bin folgedessen auch hierin »Kollektivist« geworden.

Einer wie der andere – ein bißl Schmus, haufenweise beschissene Eitelkeit, dummes Zeug von wegen Kunst und dergleichen, endlich mit fünfzig Jahren eine langsame Krankheit und zum Schluß ein Loch in der Erde – für den *einen* und für die *anderen*.

Ich muß sagen, ich vertrag' mich mit den Menschen. Sie würden das ja auch tun, denn denken Sie bloß einmal: Man schreibt sein Zeug und kriegt für diese nette Beschäftigung noch Geld zum Leben! Und zuletzt als »ehrengeachteter« Herr Soundso noch Kränze aufs Grab.

»San ma fesch, san ma katholisch!«

In grenzloser Hingegebenheit Ihr
devotester
Oskar Maria Graf, Provinzschriftsteller

# Anhang

## In Sachen »König Ludwig II«
### Von Oskar Maria Graf

Die Veröffentlichungen der Tagebücher König Ludwigs II ziehen wirklich weitere Kreise. Und das nicht nur in der Stadt, sondern vor allem auf dem Lande. Ich kann von einer aufsehenerregenden Disputation Mitteilung machen, die kürzlich in meinem Heimatdorf Schloß Berg zu vorgerückter Stunde in einer dortigen Wirtschaft stattgefunden hat. Meiner bescheidenen Meinung nach lassen die Tatsachen, die bei dieser Gelegenheit zutage gefördert wurden, die König-Ludwig-Tragödie in völlig neuem Lichte erscheinen.

Es war am vorigen Sonntag, spätnachts, in der »Ur«-Schloßgaststätte in Berg. »Ur«-Gaststätte heißt die Wirtschaft deshalb laut Firmenschild, weil sie schon seit Königszeiten das Hofwirtshaus war und weil ein Konkurrent daneben ein »Cafe Schloß Berg mit König Ludwigs-Salon« aufgemacht hat. Doch das nur nebenbei.

Zusammengesessen sind der Metzger Mutzenthaler von Starnberg, der Schriftführer des »Verschönerungsvereins Schloß Berg und Umgebung«, Joseph Moser, der Müller Schmauß, der in der letzten Gemeindewahlperiode Bürgermeister gewesen ist, der Fischer Hingerl, welcher dabei war, wie man dazumal den König aus dem Wasser gezogen hat, der Schuster Perlacher, der Wirt und der Friedl-Xaverl. Später sind noch der Berschlbeni von Aufkirchen und der Ottlmichl vom Kreuzweg in ziemlich fideler Stimmung dahergekommen.

Das Gespräch auf König Ludwig brachte der Wirt in Schwung, weil er davon in der Zeitung gelesen hat.

»Ha, ha, do schaugts,« sagte er, indem er das Zeitungsblatt herzeigte: »Jetz schreibens glei gor, dass der König Ludwig scho ois Bua ins Irrnhaus ghärt hätt' und ma sollt'n übahaaps net auf'n Thron auffiloss'n hobn... Ha-hm, wos dö ois daherziagn ....«

»Wos sagst? ... Da Ludwig? ... Scho, ois Bua soit a narrisch gwen sei?« fragte der Moser und weckte damit gewissermaßen das allgemeine Interesse für diesen Gegenstand auf.

Der Müller Schmauß hob seinen Kopf und brummte: »Hm ... Narrisch? ... Der hätt' scho dös Richtige g'habt ...!«

»Dös? ... Dös san bloß wieda d' Judn gwen, dö wo dös aufbrocht hobn!« mischte sich der Mutzentahler ein. Er hat nämlich schon lang einen Hock auf die Juden, weil ihm der Viehhändler Schlesinger stets da Schlachtvieh von der Nase weg kauft.

»D'Judn? ...« fragte der Moser: »Ja, dö hobn ja doch no nia koa Intresse ghabt für an König ...?« Der Mutzentahler wollte etwa darauf sagen, aber der Schuster Perlacher kam ihm zuvor. Er hatte das Bild von Ludwig II., das in der Zeitung war, lange angeschaut.

»Dös is er – auf und nieda!« sagte er ungefähr wie ein Kunstkenner und setzte hinzu: »Mei Liaba, dös is a stramma Mensch gwen ...«

»Der hat da Bratzn (Hände) g'habt, wia's an ganzn Land koana ghabt hot!« erzählte der Müller Schmauß, welcher den König noch gekannt hat: »Dös hot ma deitli gsehn auf'n Guddn seina Backa (Wange) ... Der sell hot's g'spürt, was's hoaßt, wenn ma si an'ran König vergreift...«

»Do steht's! ... Dienerschaftn soi er oiwai ghaut hobn«, meinte der Wirt und deutete auf die Zeitung. »Dienerschaft'n ... Dös waar dös Dümma no lang id! ... Heutzutog paß a so koana nimma auf, wennst wos sogst!...Mit lautern Sozialdemokratisch! ... Dö san üns no o'ganga!« nahm der Schmaus dagegen Stellung.

Der Mutzentahler fragte den Fischer Hingerl, ob es wirklich wahr sei, daß er damals den König aus dem Wasser herausgezogen habe.

»Nana, rauszogn hob i'n id ... I bin bloß dabei gwen«, antwortete der.

»I sog amoi sovui, der lebt heunt no!« rief der Schuster Perlacher: »A so a guata Schwimma dersauft doch net!..Der is übern See num gschwumma und hot si druckt. ... Hot a so scho amoi ghoaßn, daß er a's Amerika num is und nix mehr wissen wui vo dera ganzn Gaudi!«

»Ja, wen hot ma denn na do rauszogn mit'n Guddn. ...?« wollte der Mutzentahler wissen und schaute ein wenig spöttisch auf den Fischer Hingerl: »Du bist doch dabeigwen ...?« »Zwoa san's oiwai gwen, dös sell woaß i gwi'ß!« sagte dieser ärgerlich: »Bei Hof geht ja ois ...!«

»Übahaaps hot ma nu nia was erfahrn, wenn's bei Hof passiert is!« rief der Perlacher: »Dö wiss'n, wia si's vertuschn müass'n ...«

Der Moser zog auf einmal die Stirn zusammen und stand auf. Er ist der beste Redner in der Gemeinde, und wenn er wo nicht durchdringt, fängt er mit seiner fetten Stimme auf hochdeutsch zu reden an.

»Ich meechte sagen, dass sich das überhaupts nicht gehört, a so über ünsern unvergesslichen Keenig schreiben! Dös is ausgschaamt, sog i!« schrie er ganz in seinem Element: »Dös ist ein richtiger Bleedsinn, wenn's immer heißt, ein Keenig müaßt sein wie ein normaler Mensch! ... Der muaß ganz anderst sein, sunst weiß man ja gar nicht, daß er einen eigenen Kopf hat ... Koana hot Respekt vor ihm ... Die Leite haben ja gar keinen Begriff nicht mehr, wie es bei Hof zugehen muß, weil es aus da Mode kema is ... Und überhaaps, do müass'n mir als Verschönerungverein energische Verwahrung einlegen ... Eine solchene Schreiberei ist der greeßte Schadn für ünsern Fremdenverkehr ... Das hab' ich schon lang gespannt ... Woaß's wer do dahintersteckt ... Schloß Berg ist doch kein Narrnhaus ...!«

Jetzt kamen der besoffene Berschlbeni und der Ottlmichl herein und verpfuschten alles. Der Moser konnte, weil sie einen solchen Lärm machten, nicht mehr weiter.

»Lakl, bsuffana!« schrie er ergrimmt und setzte sich.

»Dir gib i glei an Lakl!« drohte der Beni.

»A Ruah muaß sei!« verbaten sich die ernsteren Männer um den Tisch und man beruhigte sich wieder.

»Ganz rächt host, Mosa! ... Do host ös iahna amoi wieda hi'griebn!« sagte der Friedl-Xaverl: »Nix ois wia gega üns geht's ...«

»Wos denn?« fragte der Beni.

»Enk schieniert dös freili net ... Ös hobts ja koan Schodn und wißt's nix!« meinte der Moser beleidigt.

»Wos denn? ... Da König Ludwig?« wollte der Ottlmichl wissen.

»Ah! ... Wer red't den von König Ludwig! ... Auf'n Verschönerungsverein hobn's si's o'gsehng!« warf der Schmauß hin.

»Ja, wia dös?«

»Dös san d' Judn! ... Koa andra!« hetzte der Mutzentahler. Aber keiner hörte.

»Aufbahrt hobn s'n so hoch ghabt, a da Hofkirch z'Minka drin, daß d'n übahaaps net gsehng host«, erzählte der Hingerl.

»Dö werdn scho gwißt hobn, worum!« sagte hinwiderum der Schmauß.

Und wenn ma hin hot wui'n und hotn o'schaugn wui'n nachha

hob'n oan d'Hatschier zruckgwiesn ...«, meinte der Perlacher: »Der lebt heunt no ... Mir derfa's bloß id wiss'n ...«

»Redn wenn er derfert, mei Liaba, do kamertn dö ganzn Sauereian auf ...!«

»Geh! ... Wos scheiß mi denn i um an Keenig! ... Wenn i verreck, do frogt koa Teifi danoch!« schrie der Ottlmichl und rülpste. Ärgerliche Zurechtweisungen.

»Dös is er – auf und nieda!« meinte der Perlacher und schaute wieder auf das Bild in der Zeitung: »A stramma Mensch is er gwen, a gsetzta Mann ...!«

»Und so oan hoit ma für narrisch! ... Geh ... Do, moan i, san scho ehnder dö narrisch, dö wo a so hinervotzi rumschreibn«, sekundierte ihm der Schmauß.

»Der Verschönerungsverein ko Si dös net bietn loss'n ... Do muaß ei'griffa werdn!« schrie endlich der beleidigte Moser wieder.

»Dös g'härts si danz einfach net!«

»Sauba is's net! ... Und da Keenig Ludwig is's erst recht net gwen, den wo's aufbahrt hobn. ... Da Beck Farg* selig hot's oiwai gsagt, a Wachspoppn is gwen, und der Keenig selba is z'Amerika ...« erzählte der Perlacher, und schon wieder fing der Ottlmichl an, daß ihn das gar nichts geniert. Sicher wäre es jetzt zu allerhand gekommen, wenn der Gendarm Hunglinger nicht plötzlich zur Tür herein wäre und den Wirt wegen Polizeistundenübertretung aufgeschrieben hätte. Man ist allgemein der Meinung diesen Possen hätte ihm die Cafe-Inhaberin nebenan gespielt.

---

* Anmerkung des Herausgebers: Mit »Beck Farg« meint Graf natürlich seinen Vater, den Bäcker Graf.

Aus: *Simplicissimus*, Jg. 30, Nr. 40, vom 4. Januar 1926, S. 584 (Bestand Münchner Stadtbibliothek, Monacensia Literaturarchiv).

# Nachwort

Was dieses *Notizbuch* dem Lesepublikum anbietet, geht weit über das doppelte Understatement des Titels hinaus. Statt kurzer, tagesaktuell-spontaner Niederschriften aus literarisch einschränkender »Provinz« enthält Grafs Textsammlung vielfältige und unterschiedliche – vor allem aber durchweg »unterhaltliche« – Reaktionen auf das Zeitgeschehen. Ergänzend dazu liest man Reflexionen über das Selbstverständnis der Rolle, die er als Autor spielt. Und ihr Umfang zeugt vom neuen Selbstbewusstsein des Dichters: Wie berechtigt das ist, bestätigt der in Basel, Leipzig und Wien, also keineswegs in der »Provinz« angesiedelte Verlag.

Der Zinnen-Verlag ist der dritte, bei dem im Jahr 1932 ein Graf-Buch erscheint.[1] Besser als durch diese Nachfrage nach seinen Werken lassen sich seine Wirkung und öffentliche Bedeutung kaum belegen! Seine Resonanz reißt jedoch ein Jahr später, mit dem Beginn der NS-Zeit ab. Für das Notizbuch blieb es 70 Jahre lang bei der einen Auflage.

Dass der 1988 bei der Büchergilde Gutenberg erschienene Band *Erzählungen aus der Weimarer Republik* bewusst auf den Abdruck auch nur eines einzigen *Notizbuch*-Textes verzichtete[2] (und ein solcher dementsprechend auch im Nachdruck, der 1994 erschienenen Graf-»Centenar-Ausgabe« des List-Verlages, fehlte) bereitete dem *Notizbuch* selbst in der wachsenden Graf-Renaissance ein Schattendasein. Erst 2002 kam es zu einer zweiten Auflage in eben der edition monacensia, in der das Buch nun ein weiteres Mal mit Nachwort und einem ergänzendem Anhang erscheint.

Warum ist das *Notizbuch* ein unverzichtbarer Teil des Grafschen Werkes? Was rechtfertigt diese dritte Auflage?

1 Im Münchner Drei Masken Verlag erschien 1932 *Dorfbanditen* und im Berliner Universitas Verlag *Einer gegen alle*. – Ebenfalls im Zinnen Verlag erschien 1932 das *Bayrische Dekameron* in einer *Erweiterten Volksausgabe*.

2 Oskar Maria Graf, *Erzählungen aus der Weimarer Republik.* Gesammelte Erzählungen Bd.1 (Werkausgabe Band XI/1. Herausgegeben von Wilfried F. Schoeller). Frankfurt am Main Büchergilde Gutenberg, 1988, S. 588.

Der »damalige Sommer Anno 1932 war jeden Tag goldsonnig und wolkenlos, ein richtiger Feriensommer«, den Graf mit seiner Frau bei einem Malerfreund in der Gegend von Wasserburg am Inn genießt; »in uns aber rumorte noch immer die quälende Unruhe über die drohenden politischen Ereignisse im ganzen Reich« – so fasst der Autor in seiner späten Autobiographie[3] den zwiespältig erlebten Zeithintergrund jenes Jahres zusammen, dessen Zahl er so betont in den Titel gesetzt wissen wollte (vgl. S. 7). Neben dem Hoffnungsschimmer, seine Befürchtungen könnten täuschen, deutet er auch die eigene Ohnmacht angesichts der Bedrohungen an, die ihn, wie Gerhard Bauer vermutet, aufs besonnte Land hatten flüchten lassen.[4] Diese Deutung der »Flucht« und seiner Entscheidung für die Hanswursten-Rolle, mit der Graf den Vorwurf der Passivität abwehrte,[5] erfasst jedoch nur eine Facette der Entstehungssituation. Graf hat seine Notizen keineswegs nur auf das Lachen als Selbstzweck abgestellt. Ihr Tenor beruht auf einer besonderen Strategie der kritischen Autoren seiner Zeit, die der erschreckende Antiintellektualismus der Rechten dominierte. Gegen das geistfeindliche Klima empfiehlt Walter Benjamin, der Graf hoch schätzte, eine bewährte Schreibweise: In seinem Essay *Der Autor als Produzent* (1934) bemerkt er: »Nur nebenbei sei angemerkt, daß es fürs Denken gar keinen besseren Start gibt als das Lachen. Und insbesondere bietet die Erschütterung des Zwerchfells dem Gedanken gewöhnlich bessere Chancen dar als die der Seele.«[6]

Was Graf unter seiner »Hanswurstenrolle« versteht, auf die seine Notizen abgestellt erscheinen, ist in einem seiner früheren Erfolge vorgeprägt, im 1924 erschienenen *Bayrischen Lesebücherl*,[7] mit dem er – vor seiner Etablierung als international anerkannter, ernsthafter Autor von *Wir sind Gefangene* (1927) und *Kalendergeschichten* (1929) – ein dem *Notizbuch* vergleichbares Potpourri in ähnlich dialek-

---

3 Oskar Maria Graf, *Gelächter von außen. Aus meinem Leben 1918–1933*. München 1966. S. 487.
4 Gerhard Bauer. *Oskar Maria Graf. Ein rücksichtslos gelebtes Leben*. München 1994 (dtv 30413), S. 200.
5 Vgl. Anm. 2 S. 489.
6 Walter Benjamin, *Der Autor als Produzent*. In: W. B. Gesammelte Schriften II, 2. S. 683–701. Hier S. 699.
7 Vgl. die Neuausgabe 2009 in der Reihe *edition monacensia* im Allitera Verlag München.

tal bestimmter Sprache vorgelegt hatte. Darin gibt es neben manchen harmlosen Späßen diverse politische Texte mit frühen Anspielungen auf Hitler und Vorausdeutungen auf die drohenden NS-Erfolge; bei einem Rückblick vom *Notizbuch* auf das *Lesebücherl* fällt auf, dass dort die Betrachtungen zur Schriftstellerexistenz fehlen, die das *Notizbuch* so betont rahmen und auch einige Geschichten bestimmen. Bei einer ersten Lektüre mögen diese Selbstreflexionen übertrieben wirken, das selbstironische Kokettieren mit der provinzlerischen Sonderrolle mag irritieren. Ihr Gewicht erhalten sie jedoch, liest man sie ebenso wie andere Texte auch, auf dem Zeithintergrund: In München etablierte sich während der Zwanziger Jahre eine dezidiert zeitabgewandte Literatur, die sich, an Vorkriegsautoren orientiert, klassisch kostümierte und die offiziell gefördert wurde, wie die Träger des Münchner Literaturpreises zeigen, der von Graf zwar angeregt worden war, aber an ihm lebenslang vorüber ging.

Was zunächst wie ein läppischer Lausbubenstreich wirkt, wie der Streich in *Die Mottenkugeln beim Totenmal*, eröffnet ein weites Assoziationsfeld. Man muss die impliziten Ziele kennen, um zu wissen was verlacht wird: Ein multidimensional gebotenes, als Höhepunkt der Avantgarde-Bühnenkunst gefeiertes Werk *Das Totenmal*, verfasst von dem zum »Weltweisen« stilisierten Albert Talhoff [sic! Graf wählt, wie bei Stefan George seine eigenwillige Schreibung], baut auf den *Kriegsbriefen gefallener Studenten* auf, einem der großen Bucherfolge der Zeit. Laut Vorwort will der Text des *Totenmal* in bewusster Wendung gegen das politische Theater »überzeitlich bewegte Daseinsinhalte«[8] darstellen. Hatte der konsequente Pazifist Graf schon im *Lesebücherl* mit der Dorfgeschichte von der *Kriegerdenkmals-Enthüllung* seine Satire gegen die zunehmende Heroisierung des Weltkrieges aufgeboten, so wiederholt sich seine Kritik hier auf literarischer Ebene: Er mottet gleichsam die Verklärung des Kriegserlebnisses ein und behauptet gegen die Ideale der avantgardistischen Kunstbestrebungen das realistisch volkstümliche Erzählen des Bauernknechts, der mit Lungenschuss aus dem Krieg kam. Ganz beiläufig fällt dann auch ein so weit reichendes Urteil wie: »einfach klassisch, was soviel heißt wie – du langweilst dich zu Tode« (S. 142).

---

8 Albert Talhoff, *Totenmal. Dramatisch-chorische Vision für Wort Tanz Licht.* Stuttgart 1930, S. 12.

Damit die Kritik an der zeitgenössisch wachsenden Neigung zum Krieg nicht nur auf einen literarischen Kontext beschränkt bleibt, wird sie in dem satirischen Brief an den Stresemann-Nachfolger noch einmal formuliert – das Buch hat also durchaus ernste Anliegen! Pazifismus ist ein biographisch begründetes Programm und Lebensthema des Autors!

Wenn er dabei erklärt, dass er »von Literatur« nichts verstehe (S. 62) oder »mit der Literatur [...] es nicht« (S. 147) habe, dann zielt er als schon mehrfach übersetzter Autor auf die in der Zeit etablierte Literatur, darunter »die ganze Makulatur vom ›dritten Reich‹« (S.149), mit der er es nicht »haben« möchte. Literarische Standards, wie die gegen die »Provinzliteratur« gerichtete Pflege der Hochsprache, erfüllt er allenfalls durch Übersetzungen seiner mundartlichen Ausdrücke; im Gegensatz und Widerspruch zu dem ihm zu Unrecht immer wieder zugeschriebenen Vorbild Ludwig Thoma behält er die bairische Syntax in seiner Erzählersprache bei, etwa mit doppelter Verneinung »nie nicht« oder Relativanschlüssen wie »der wo« (beide Beispiele S. 127f. und öfter), und das gerade auch in seinem Bericht über den PEN-Club, die literarische Instanz.

Dass er differenziert die »Idee« gegen die »Fabel« des 1931 erschienenen *Bolwieser* abgrenzt (vgl. S. 148), demonstriert die Kenntnis abstrakter Grundbegriffe des Schreibens und seine programmatische Alltagsästhetik. Damit darf auf eine erhebliche Reflexion auf sein Metier geschlossen werden.

Sein Insistieren aufs Handwerk des Schreibens muss als Antwort auf die elitären Ansprüche der Münchner Kollegen gewertet werden: Hatten die doch für sich reklamiert, dass ihr Programm nicht auf »Geschäftssinn und verdächtigem Fortschritt« aufgebaut sei?[9] Graf dagegen, glaubt man den dezidiert »geschäftlichen und politischen Schlussempfehlungen«, fertigt seine Werke gemäß den Kundenwünschen, eben wie sein Bäcker-Vater die Semmeln (vgl. S. 10) bäckt.

So ließen sich bis hin zur Namens-Titelverwechslung »Herr Graf« (S. 87ff.), die auf die postrevolutionären Bestrebungen zur Abschaf-

---

[9] Arthur Hübscher, *Das dichterische München. Zur Einführung.* In: *Münchner Dichterbuch.* München (Knorr&Hirth) 1929, S. 10. Im selben Verlag erschienen die betont nationalistischen *Münchner Neuesten Nachrichten.* Und in diesem Dichterbuch fehlt, man möchte fast sagen: natürlich, Oskar Maria Graf.

fung der Adelstitel in Bayern anspielt, immer wieder Hintergründe anführen, die den Notizen ihre Tiefe und Gewicht verleihen.

Nicht umsonst waren von einzelnen Texten Vorabdrucke erschienen. Andere wurden in neue Kontexte eingebettet, wie der Besuch des amerikanischen Bruders ins *Leben meiner Mutter* (1941/1946) oder etwas wie ein »Antlitz« (S. 47ff.) in den viel zitierten Essay über den bayrischen Humor im Sammelband *An manchen Tagen* (1961). Graf wiederholte dabei selten eine Formulierung – man möchte es seiner Lust am Erzählen zuschreiben, dass er immer wieder einen aufschlussreich veränderten Wortlaut fand.

*Ulrich Dittmann*


PS.: Diese dritte Auflage des *Notizbuches* erscheint in dem Jahr, in dem sich zum 125. Mal der Tod des legendären Bayernkönigs Ludwig II. jährt. Graf selbst hat bei der Zusammenstellung, obwohl er andere vorab gedruckte Texte aufnahm, seine 1926 im *Simplicissimus* (30. Jahrgang. Nr. 40 am 4. Januar 1926. S. 584) gedruckte Geschichte *In Sachen »König Ludwigs II«* übergangen, obwohl diese eine der frühen Äußerungen zu einem seiner lebenslänglichen Leitmotive darstellt. Auf sie bezieht sich außerdem die erste Erzählung im *Notizbuch*; sie kann durch die Kenntnis des Textes, der die Ereignisse auslöste, nur gewinnen. Nachdem die Geschichte *In Sachen »König Ludwigs II«* bisher nur einmal in fremdem Kontext nachgedruckt wurde,[10] veröffentlichen wir sie hier im Anhang erneut – auch als Beitrag zum Jubiläumsjahr und als Hinweis, dass es Erinnerungs-Alternativen zur gegenwärtig offiziell gepflegten Feierkultur gibt.


10 In: G. H. Herzog und Erhardt Heinold (Hrsg.): *Scherz beiseite. Eine Anthologie der deutschsprachigen Prosa-Satire von 1900 bis zur Gegenwart.* München-Bern-Wien (Scherz-Verlag) o. J. (1966) S. 229–232.

# Editorische Notiz

Das *Notizbuch des Provinzschriftstellers Oskar Maria Graf 1932. Erlebnisse · Intimitäten · Meinungen* erschien als blau gebundene Leinenausgabe mit einem rot geprägtem Titel 1932 im Zinnen-Verlag (Basel Leipzig Wien) zugleich mit der zweiten Auflage einer *Erweiterten Volksausgabe* des *Bayrischen Dekameron*.

Unsere Ausgabe reproduziert um des Eindrucks der Erstausgabe willen die anonymen Zeichnungen (möglicherweise vom Graf-Freund Max Radler?).

Sie gibt die ursprüngliche Fraktur in Antiqua-Schrift wieder, übernimmt originalgetreu die Dialektwörter und die Übersetzungen aus dem Dialekt. Inkonsistenzen der Schreibung werden ebenso wie »Fehler« bei den Namen wiedergegeben. Sperrungen, die für das gestische Moment mündlichen Erzählens wichtig sind, werden kursiv wiedergegeben.

Der vordere Klappentext des Schutzumschlags preist eine gebundene und eine broschierte Ausgabe des *Dekameron* an, der hintere wirbt für die folgenden Titel: *Der Jud ist schuld ...!* als »Beitrag zur Erkenntnis des Zeitgeschehens« und zum Goethejahr *Der unbegabte Goethe. Die Antigoethe-Kritik aus der Goethezeit*; auf der Rückseite wirbt der Verlag für: Eva Leidmann, *Auch meine Mutter freute sich nicht ... Fehltritte eines bayrischen Mädchens*. Das Buch wird als Beispiel für sein Programm: »lebendige Bücher für lebendige Menschen« angeführt; es scheint so, als garantierten damals bayrische Stoffe eine besondere Lebendigkeit.

U. D.